PLAIDOYER

prononcé devant le juge de paix de Bélabre, à l'audience du 25 février 1865,

PAR CH. de GHERGÉ,

dans la question de savoir si le domicile d'habitation

DE Mr TESTARD

est en son château de

puyrajoux,

ou bien dans sa

MAISON DE St HILAIRE

Poitiers. Lith. Pichot

1865

Plusieurs de mes concitoyens, de ceux qui assistaient à l'audience du 25 février 1865, comme de ceux qui n'y étaient pas présents, ont eu la bienveillance de me manifester le désir qu'ils auraient de pouvoir lire mon plaidoyer sur une question, que la solution qu'elle a reçue, leur rend, en quelque sorte, plus intéressante.

J'obéis de grand cœur à un vœu qui m'honore, et qui me permettra de livrer à l'<u>opinion publique</u>, dont je sens que ma position actuelle me rend plus que jamais justiciable, les motifs sur lesquels se fonde <u>en droit</u> l'acte que j'ai cru devoir faire.

Quant à cet acte lui même, l'<u>opinion publique</u> qui sait, et qui sait bien ce qu'elle sait, lui conservera son véritable caractère, et rendra justice à chacun. C'est tout ce que je lui demande, et je suis sûr qu'elle me le donnera.

St Hilaire 20 mars 1865.

Justice de Paix de Bélabre.
Audience du 25 fev. 1865.

Affaire de Chergé C. Mm Testard.

Question de Domicile électoral.

* Les astérisques indiquent les seules additions faites au texte, à la suite des plaidoiries et du jugement.

« Dans un but complètement et exclusivement
« politique, à l'aide d'une tactique toujours persévé-
« rante et tenace, quoique souvent contrariée par des
« faits graves et condamnée même par des décisions
« judiciaires, un homme a constamment voulu
« donner à une maison que dans le sens gramma-
« tical comme dans le sens légal, il n'a jamais ha-
« bitée les apparences d'un domicile d'habitation
« réelle qu'il a, du reste, tout le premier, formel-
« lement nié, quand son intérêt ou les sévérités de
« la loi ont exigé qu'il se réfugiât sous l'abri pro-
« tecteur de sa véritable demeure, ou bien encore,
« quand l'affirmation du mensonge de son habi-
« tation fictive eût présenté pour lui un danger sérieux.
         « Est-ce là le domicile d'habitation qu'exige
« la loi électorale qui nous régit aujourd'hui ?
         Voilà tout le procès ……… V. page 27.—

Monsieur le juge de paix, je réclame tout d'abord votre
indulgence pour la longueur de la discussion à laquelle je vais
me livrer aujourd'hui devant vous. J'y suis condamné pour deux
raisons graves : Si vous eussiez vécu depuis plusieurs années au milieu de la vérité que l'on nie, la question qui vous est soumise ne serait vraiment pas pour vous une question, et pourtant, dans ce cas
là même, la solution juridique ne pouvant se dégager que d'une
démonstration légale, je devrais discuter aujourd'hui devant
le juge comme si l'homme ignorait le premier mot de la vérité
qu'il me faut défendre ; mais alors que l'homme et le juge sont
également étrangers à la connaissance de cette vérité si auda-
cieusement niée par ceux qui la connaissent le mieux, combien
ne dois-je pas, à plus forte raison dans l'intérêt de la vérité

et du juge lui-même, mettre le magistrat, par une discussion complète, dans l'heureuse impossibilité de signaler les débuts de sa jeune carrière (1) en proclamant une vérité qui ne serait pas celle que sent et proclame la conscience publique.

Il ne m'est donc pas permis de faire devant vous comme cet homme à qui l'on niait le mouvement et qui, pour toute réponse, marcha; je ne pourrais pas vous dire: « On nie la lumière, voyez ». Non! il me faut vous prouver que je marche, il me faut composer, avec cent rayons épars, le soleil de vérité qui doit vous éclairer, et, c'est seulement quand vous serez inondé de lumière, que je pourrai vous dire légalement : « Voyez ».

D'autre part, il n'est pas douteux que si mon adversaire a osé venir devant cet auditoire qui sait la vérité, dans cette atmosphère saturée de la vérité, nier hautement cette vérité, il ira plus loin encore, car, plus loin, il n'aura pas à braver ce qu'il a osé braver ici... la conscience publique imprégnée de la vérité et qui crie contre lui. Or, plus loin, je ne pourrais, en vertu d'une jurisprudence rigoureuse mais forcée, (2) produire, à l'appui de ma cause des moyens qui, n'ayant pas été déjà développés devant vous, n'auraient pas servi de base à la décision que vous prendrez sur ma demande; de là, pour moi, la double obligation de faire, aux yeux du juge, toute la lumière dont il est possible d'illuminer la vérité, et de plaider aujourd'hui devant le simple tribunal de paix de Délabre, comme si j'étais déjà au pied de la cour suprême qui nous jugera plus tard d'après la discussion que, pour ma part, il m'est, par conséquent impossible de vous épargner aujourd'hui (3).

---

(1) M. Hubert juge de paix actuel à Délabre, originaire de la Mayenne et complètement étranger à notre pays avant sa nomination, a prêté serment le 7 février 1865, et tenait sa 4e audience le jour où j'ai plaidé devant lui (25 février 1865) — (2) arrêt du 10 mars 1863; Dalloz, 1, 136 — (3) * Le lecteur comprendra certainement que loin d'être purement de style et simple précaution oratoire, la pensée développée dans les lignes qui précèdent (auxquelles j'ai cru ne devoir rien changer), était l'expression vraie de la foi robuste qui, pour moi comme pour tout l'auditoire, rendait inadmissible l'hypothèse que le demandeur devant le tribunal d'appel pût jamais être autre chose que défendeur devant la cour de cassation.!!...

Avant tout, il faut prendre lecture de la décision dont est appel. Voici les passages essentiels à la discussion, qui forment la base du rejet de ma demande : « M. Testard père possède dans la commune six domaines et une réserve qu'il fait valoir par lui même ; il a toujours payé dans cette commune sa cotte personnelle et mobilière et ses prestations en nature jusqu'à l'âge voulu par la loi. Il a maison montée qu'il n'a jamais cessé d'habiter depuis plus de 40 ans qu'il est maire de la commune de St Hilaire.... M. Testard possède d'autres propriétés dans lesquelles il a des maisons d'habitations, mais il n'a jamais cessé d'habiter St Hilaire. Dans les actes notariés dans lesquels il a comparu, il a toujours son domicile dans cette commune... »

Ainsi donc, pas d'équivoque possible, depuis plus de 40 ans M. Testard n'a jamais cessé d'habiter, (on ne dit pas d'avoir son domicile à St Hilaire, on dit nettement, carrément : D'HABITER St Hilaire... Il est vrai qu'il fallait que ce mot y fût,... et il y est !!

Cette décision, dont il m'a fallu montrer l'expédition authentique revêtue du sceau officiel pour qu'on la crût possible, a été prise à l'unanimité par MM. Sylvain Henault adjoint, Sylvain Jacquet et Claude Poitelon. Les 3 hommes qui l'ont signée et qui savent pourquoi, vivent au milieu de la vérité..... Vous allez voir s'ils l'ont dite telle que vous la dites vous même ; c'est le point sur lequel doit porter tout d'abord la discussion.

En fait, M. Testard a son principal établissement, le siège de ses affaires, son domicile réel, sa résidence et son habitation continues enfin au château de Puyrajoux, commune de Bélâbre. Cela a été décidé contre lui le 6 avril 1846 par le tribunal du Blanc jugeant en matière électorale. Et en effet, sur la déclaration faite à l'audience de ce jour par M. Clovis Gaudon avoué, mon contradicteur d'aujourd'hui, au nom de son client M. Testard, qu'il dispensait son adversaire (et cet adversaire c'était moi) de faire la preuve testimoniale mise à la charge de celui-ci par un jugement précédent, le tribunal décida, malgré l'attestation écrite et signée de MM. les conseillers municipaux de St Hilaire, qui n'avaient pas craint d'affirmer ce mensonge que « depuis 23 ans M. le maire n'avait pas cessé d'habiter le bourg « de St Hilaire » (1) le tribunal, dis-je, décida « que depuis plusieurs « années le S. Testard faisait constamment entendre qu'il était au pays.

(1) Comme on le voit la commission municipale de 1865 a copié la formule de 1846, formule qui n'étant pas plus vraie que sa sœur aînée, subira nécessairement le même affront qu'elle.

« son séjour à Puyrajoux commune de Bélabre, ce qu'il manifestait
« particulièrement en couchant au château de ce nom ; que sa fem-
« me habitait constamment ce château avec ceux de leurs enfants
« communs qui n'étaient pas éloignés de leurs parents pour leur édu-
« cation, et avec les domestiques attachés à la personne des époux T. ;
« Que c'était à Puyrajoux qu'étaient adressées les correspondances
« destinées au Sr T. ; que c'était à Puyrajoux qu'étaient tenus et con-
« servés les livres relatifs au commerce étendu du Sr Testard ; qu'il
« ne résidait de sa personne au bourg de St Hilaire, que pendant le
« temps nécessaire aux opérations qui l'y appelaient ; que sa fem-
« me et ses domestiques n'y résidaient aussi que pour des opérations
« toutes spéciales d'agriculture et de surveillance ; que la maison de
« St Hilaire n'était pas garnie d'assez de meubles pour que M. T.
« et sa famille y pussent résider convenablement. » (1)

 Pour parer le coup qui lui était porté par cette décision judiciaire, à raison de la disposition de la loi qui exigeait alors que les
Maires et adjoints eussent leur domicile réel dans la commune
où ils exerçaient leurs fonctions, Mr Testard fit au greffe du tribunal
de Blanc la déclaration qu'il transférait à St Hilaire son <u>domicile
politique</u> (2) et aux mairies de Bélabre et de St Hilaire la déclaration
légale qu'il transférait son domicile réel à St Hilaire, (où pourtant,
selon la commission municipale d'alors, il n'avait pas cessé d'habiter depuis 23 ans), et se fit délivrer par son adjoint un certificat attestant « qu'il avait dans ce bourg une <u>habitation meu-
« blée pour lui et sa famille</u> » (3)

---

(1) Combiner le jugt interlocut. du 18 Mars 1846 et celui du 6 avril D.B.
(2) V. Dossier B - Ceci est à noter et doit peser d'un grand poids sur la décision, je pourrais même dire que c'est toute l'affaire. Pour Mr Testard,
St Hilaire a été dès l'origine, et toujours depuis, un <u>domicile politique</u>,
c'est cela, c'est bien cela, mais ce <u>n'est que cela</u> ; or, sous l'empire des principes formels de la loi électorale actuelle qui a balayé les anciennes
distinctions du domicile politique et du domicile réel, <u>ceci est la cause
jugée</u> !! — * Le juge d'appel aurait du en tenir d'autant plus grand
compte, que, sous l'irrésistible pression de la force de la vérité, il a
du constater plusieurs fois, dans son jugement du 1er mars, le caractère incontestablement et notoirement politique du domicile de
St Hilaire à l'égard du maire de cette commune.
(3) V. la lettre de Mr le Préfet de l'Indre du 12 janv. 1847 et la déclaration au greffe — L'<u>habitation meublée de 1847</u> avait, au moins, gram-
maticalement, quelque chose de plus vrai que la <u>maison montée de 1865</u>.

Déclarations et certificat, disons le bien haut, tout cela était leurre et comédie, mais en attendant les quelques jours d'épreuve qui allaient prouver que M. Testard s'était joué de la justice préventive(1) M. le Préfet d'alors put écrire à l'adversaire de son subordonné, en réponse à ses "légitimes plaintes", qu'il avait atteint un but très "utile, qui était de forcer un fonctionnaire à se mettre en règle et à "donner le premier l'exemple de la soumission à la loi." (2)

Avant 1846, M. Testard n'était donc pas en règle, il avait donc été jusque là "insoumis à la loi"! Eh oui, cette constatation solennelle est grave, car, en rognant d'un seul trait à M. Testard 23 années de possession légale d'une situation ainsi proclamée juridiquement fausse, le jugement de 1846 (3) détruisait, du même coup, toute foi ultérieure dans la légalité de cette situation au cas où elle serait maintenue toujours la même en fait ;..... M. Testard n'ayant rien changé, comme je l'avais prédit à mes juges, à ses habitudes de 23 années, et n'ayant point ajouté à ses déclarations trompeuses le fait d'une habitation réelle à St Hilaire, un appel à l'intervention de M. le Préfet de l'Indre, (M. Chevillard) fut adressé à ce fonctionnaire qui me renvoya à me pourvoir devant la justice (4), et, l'année suivante, (1849) une nouvelle action judiciaire électorale fut introduite.

Ce fut alors, qu'au moment où M. le juge de paix de Délabre allait, après instruction et plaidoiries, prononcer une décision, dont l'issue n'était pas douteuse, (le jugt du 13 février 1851 du même juge en

---

(1) Voir la fin de mon plaidoyer du 18 mars 1846 copiée sur la grosse du jugt du 6 avril, communiquée au Préfet de l'Indre. Doss. B — (2) V. lettre de ce Préfet — Doss. B —

(3) ✱ L'avocat de M. Testard avait complètement oublié, avant l'audience du 25 février 1865, le procès et le jugement de 1846 "quorum pars magna fuit," cela se comprend, il en a bien vu d'autres depuis, mais il faut que les exigences de la difficile défense d'un client soient bien impérieuses, pour qu'oubliant aussi les conséquences légales de ce jugt notifié et exécuté, on ait pu raisonner constamment comme si ce jugt n'eût jamais existé, et attribuer à M. Testard la possession incontestable et incontestée d'une situation de domicile régulière à St Hilaire qui a été au contraire formellement condamnée par justice comme fausse et mensongère. C'est ce dédain inexplicable de la chose jugée, (et bien jugée), que ne pourront jamais comprendre les juristes qui raisonnent, et la conscience publique qui sent..

(4) Lettre de M. le Préfet Chevillard - Dossier B —

est la preuve), l'adversaire de M. Testard, à la prière d'un homme politique dont l'élection à l'assemblée législative était désirable dans ces temps difficiles, et qui redoutait pour sa candidature utile alors, et appuyée comme telle par M. Testard, le contre-coup de la lutte locale de St Hilaire, fit grâce à M. Testard d'une défaite certaine. (1)

M. le Cte de Bondy et celui qui vous parle ont été noblement récompensés, l'un de son intervention, l'autre de sa générosité — V. la Droit. 117.469.

Enfin, en 1851, un autre électeur, M. Robin, garde gal du Mqis de Bélabre, à qui la situation de M. Testard parut contraire à la loi, tenta de la faire régulariser par les voies de Droit. Le juge de paix de Bélabre, vieux magistrat qui vivait, depuis longues années au milieu de ses justiciables et sur le sol où il était né (2), prononçant sous la pression irrésistible de la vérité dans laquelle il était immergé : « attendu qu'il
« était de notoriété publique (3) et à la connaissance d'ailleurs des gens
« qui avaient des relations avec M. Testard que depuis plus de 3 ans »,
(Stage de domicile alors fixé par la loi), M. Testard habitait constam-
« ment (4) au lieu de Puyrajoux commune de Bélabre ; que c'était à
« Puyrajoux commune de Bélabre que lui et sa famille résidaient ha-
« bituellement ; que c'était à Puyrajoux que toutes les personnes qui pou-
« vaient avoir besoin de M. Testard allaient le chercher et non à St
« Hilaire ; que bien que dans ce dernier lieu M. Testard possédât di-
« verses propriétés à titre de propriétaire et en jouît d'autres à titre
« de fermier, qu'il possédât même au bourg de St Hilaire une maison
« d'habitation, que quelquefois, à cause de ses affaires qui l'appellent
« dans cette commune, il résidât dans cette dernière maison, sa rési-
« dence n'étant que momentanée et fugitive, ne saurait conséquem-
« ment y fonder son domicile réel tel que le demande la loi, son
« principal établissement étant à Puyrajoux, fait incontestable
« et que M. Testard même ne saurait sérieusement disputer »…

---

(1) V. Dossier D. M. a correspondance avec M. de Bondy, timbrée par la poste — (2) M. Rochier, d'abord suppléant, puis juge de paix de Bélabre (serment prêté le 22 juin 1835), — (3)* Cette notoriété est un mot à noter aujourd'hui dans la bouche du magistrat qui avait vieilli au milieu d'elle et pouvait en fixer le caractère vrai parce qu'il la connaissait. — (4)* tous les mots qui suivent sont à souligner parce qu'ils déterminent, avec l'autorité de l'homme qui s'en sert, la véritable nature de l'habitation de Puyrajoux mise en regard de la maison de St Hilaire !!

Le juge de paix de Bélabre, dis-je, crut devoir faire droit aux conclusions de Mr Robin et ordonna la radiation du nom de Mr Testard sur la liste des électeurs de St Hilaire. V. Dossier B. — Mais sur le pourvoi de Mr Testard, intervint le 26 Mai 1851 un arrêt de la Cour de Cassation qui (pour une erreur de droit, et non pas pour les motifs de fait ci-dessus reproduits, et d'ailleurs inattaquables aujourd'hui, car ils sont, en tous points conformes à la loi actuelle), cassa la décision du juge de paix de Bélabre et maintint au contraire le nom de Mr Testard sur la liste électorale de St Hilaire.

Il m'a semblé que cet exposé des faits antérieurs au procès actuel n'était pas une inutilité, et qu'au contraire, la physionomie de l'affaire se dessinerait plus nettement sur le fond qui en fait, dès à présent ressortir les traits les plus saillants.

Ces traits sont ceux-ci: la position illégale de Mr Testard, attaquée en 1846, est condamnée juridiquement; assise depuis, sur des bases dont on conteste la légalité, elle eût été de nouveau condamnée en 1849, comme elle a été réellement condamnée en 1851 par le juge de 1849 et pour des motifs de fait qui braveraient aujourd'hui toute critique; ces précédents sont graves, ils émanent de magistrats expérimentés ils réclament un sérieux examen. (1)

Je vais maintenant, pénétrer dans les entrailles de mon sujet, et démontrer: Qu'en fait, la situation de Mr Testard à St Hilaire est absolument la même en 1865 qu'en 1846; qu'en droit les principes de la législation électorale actuelle appliqués à ce fait conduisent nécessairement à la conclusion qui a motivé la décision judiciaire de 1846, c'est à dire que Mr Testard n'habite pas et n'a jamais habité la commune de St Hilaire; et que dès lors lui et son fils habitant réellement ensemble la commune de Bélabre doivent être rayés de la liste électorale de St Hilaire.

(*) J'avais le droit de les invoquer devant leur jeune successeur.... Car si de tels faits ne constituent pas l'interruption la plus notoire et la plus nette que l'on puisse opposer aux prétentions de possession d'état régulier en fait de domicile d'habitation plaidées par l'intimé, si ces incessantes protestations juridiques pouvaient être traitées comme n'existant pas; s'il était vrai que malgré les rudes atteintes qu'elles lui ont portées a la virginité légale du domicile électoral de Mr Testard et de sa situation électorale soit demeurée intacte et immaculée, du jour où, pour la 1ère fois, il a ceint l'écharpe municipale, on pourrait désormais nier légalement la lumière du soleil !!...

Et d'abord, déblayons le terrain, la marche en sera plus sûre et, par conséquent plus rapide.

Si l'on m'objectait que Mr Testard est inscrit sur la liste électorale de St Hilaire et que cette inscription, qui n'est pas d'hier, constitue la présomption légale qu'il remplit effectivement toutes les conditions nécessaires pour que cette inscription ait été faite à bon droit, je répondrais avec la Cour Suprême : « que si l'inscription d'un citoyen sur « les listes électorales fait légalement présumer, jusqu'à preuve « contraire, que ce citoyen réunit encore lors de la révision de la lis- « te les conditions légales d'âge et de nationalité, elle ne suffit pas « pour faire preuve du maintien de son domicile dans la même « Commune. » (1) Ceci est élémentaire ; passons.

Si on ajoutait que « j'ai approuvé » moi même par mon silence depuis plusieurs années ce que j'attaque aujourd'hui, je répondrais que les raisons de ma tolérance passée n'existant plus aujourd'hui, j'use du droit que me donne la loi, de reprendre, à mon heure et pour la défense de mes intérêts, tels que je les comprends, les armes, loyales en tout cas, que j'ai déposées le jour où il me parut utile de le faire, et qu'il ne s'agit, après tout, pour le magistrat, organe de la loi, que de savoir si, aujourd'hui, comme naguère, je suis, oui ou non le champion de la loi.

En fait, la situation de Mr Testard à St Hilaire est, en 1865, absolument la même que la situation de 1846, elle a seulement vieilli de 19 années. Cette proposition, est-elle vraie ?

Est-il vrai qu'aujourd'hui comme en 1846 « le Sr Testard fait cons- « tamment, quand il est au pays, son séjour à Suyrajoux, commu- « ne de Bélabre, ce qu'il manifeste particulièrement en couchant « au château de ce nom ? » — Est-il vrai qu'aujourd'hui comme en 1846 « la femme de Mr Testard <u>habite constamment</u> le château de Suy- « rajoux avec ceux de leurs enfants communs qui ne sont pas éloi- « gnés de leurs parents ... et avec les domestiques attachés à la per- « sonne des époux Testard ? » — Est-il vrai qu'aujourd'hui, comme « en 1846, ce soit à Suyrajoux que sont adressées les correspondances « destinées au Sr Testard » ?

Si on nie tout cela en 1865, après l'avoir reconnu juridiquement en 1846, j'offre, comme en 1846, de le prouver juridiquement.

J'offre de prouver de plus, qu'aucun des facteurs ruraux vivants qui ont fait le service à St Hilaire n'a remis à St Hilaire une <u>seule</u> correspondance, (<u>une seule !!</u>), ou un <u>seul</u> journal adressés à

---

(1) Arrêt du 30 mars 1863 — Dalloz 1-138.

« MM. Testard ou à un membre de leur famille ; que toutes les
« correspondances officielles avec le maire de St Hilaire ont toujours
« été remises par les facteurs aux mains ou au domicile de Mr
« l'adjoint, qui ne les a jamais refusées pour les faire porter ailleurs
« que dans sa propre habitation ; que toute lettre close adressée
« à Mr Testard, en nom, à St Hilaire, (si, par impossible il s'en pré-
« sentait), serait immédiatement envoyée par Mr le Receveur de
« la Poste du Blanc au bureau de Bélabre ; que toute lettre close
« adressée à Mr le maire de St Hilaire est immédiatement ren-
« voyée close par Mr l'adjoint du maire de St Hilaire à Mr
« Testard à Puyrajoux ». J'offre de prouver enfin, et par contre,
« que la correspondance privée du Sr Testard et de sa famille
« qui est servie par le bureau de Poste de Bélabre, est fréquente
« et nombreuse, ainsi que cela doit être, à raison de la suite
« d'affaires importantes qu'entraîne toujours un gros com-
« merce, même après qu'il a cessé. »

Est-il vrai qu'aujourd'hui, comme en 1846, ce soit à Puyrajoux
« que sont tenus et conservés les livres relatifs aux affaires du
« Sr Testard » ? Si on le nie en 1865, après l'avoir reconnu juridi-
« quement en 1846, j'offre, comme en 1846, de le prouver juridi-
« quement. J'offre de prouver de plus, que les colons et ouvriers de
« Mr Testard, quand ils ont à régler leurs comptes avec lui, pren-
« nent toujours rendez-vous au château de Puyrajoux, et que ce
« règlement a toujours lieu sur les notes et livres tenus par un
« des membres de la famille, qui habite là avec son père et sa
« mère, et toujours à Puyrajoux, où des tiers ont été souvent appe-
« lés à assister à ces comptes. »

Est-il vrai qu'aujourd'hui comme en 1846, « Mr Testard ne
« réside de sa personne au bourg de St Hilaire que pendant le
« temps nécessaire aux opérations qui l'y appellent, et que sa
« femme et ses domestiques n'y résident aussi que pour des opé-
« rations toutes spéciales d'agriculture et de surveillance ? »
Si on le nie en 1865, après l'avoir reconnu juridiquement en
1846, j'offre, comme en 1846, de le prouver juridiquement.

Est-il vrai qu'aujourd'hui comme en 1846 « la maison de St-
« Hilaire n'est pas garnie d'assez de meubles pour que Mr T.
« et sa famille y puissent résider convenablement ? »
Si on le nie en 1865 après l'avoir reconnu juridiquement
« en 1846, j'offre, comme en 1846, de le prouver juridiquement. »

"J'offre de prouver, que cette maison n'a ni remise pour les voitu-
"res ni écurie convenable pour les chevaux de maîtres; qu'elle se
"compose uniquement d'un rez-de-chaussée, contenant une pe-
"tite décharge et deux pièces à cheminée séparées par un boyau
"correspondant au corridor et lequel est occupé presqu'en en-
"tier par 3 grabats. Que la 1ère pièce ou cuisine, la seule qui soit
"réellement défendue contre les intempéries des saisons par une
"fenêtre en état de service complet, et où couche l'unique gardi-
"enne de la maison, ne contient qu'un lit pour cette domestique
"et un mobilier de très mince valeur. Que la 2ème pièce mal close
"par une fenêtre vermoulue et par des ais disloqués en guise de
"contre-vents, dont l'âtre, au moment où je vous parle n'a ni pelle
"ni pincettes, contient les deux seuls lits qui puissent s'offrir aux hôtes
"passagers d'une nuit précédant un jour de chasse, et que ces lits, qui
"sont de la forme et de l'étoffe de ceux des simples habitants de nos cam-
"pagnes, sont en harmonie avec les rares meubles qui les accompag-
"nent, et que d'ailleurs tout le mobilier de la maison, les lits exceptés,
"ne saurait atteindre dans une vente le chiffre de 200 f.!!" (1)

*(1) Je pourrais, par une note détaillée de ces meubles prouver ce fait,
qu'un sentiment dont on ne me tiendra pas compte, je le sais, laissera
à l'état de simple affirmation n'ayant pour preuve que la loyauté
de ma parole.... et la connaissance que plusieurs possèdent, de ce
chiffre éloquent. Et il l'est en effet, quand on réfléchit que le propriétaire de cette bicoque, l'homme qui n'a pas cessé de l'habiter
"depuis plus de 40 ans," (avec sa famille sans doute), est possesseur,
dans les 4 communes limitrophes de St Hilaire, Mauvières, Bélabre et Ruffec d'immeubles d'une contenance de plus de mille
hectares et pour lesquels il acquitte un impôt foncier annuel de
plus de 2,000 f.!! quelle éloquence en effet, dans ce simple rap-
prochement!!
Voici le détail, fractions négligées : St Hilaire 272 hect. 653 f
Mauvières 319   H.   802
(V. Dossier G.)   Bélabre 121   004 301
                                    Ruffec 292   305

On voudra bien remarquer, (et ce n'est pas inutile à la constatation de la vérité), que la terre favorite de Juyrajoux qui se
compose de fermes arrondies autour de leur centre, dans les communes de Mauvières et Bélabre, contient 440 hectares acquittant
plus de onze cents f. d'impôt, tandis que les 6 métairies de St Hilaire
disséminées sur une grande surface, ne contiennent que 272 hect.
taxés à un peu plus de 650 f. seulement. – V la carte Doss. B.

« J'offre de prouver encore (écoutez bien ceci), que, jusqu'au 13 février
« dernier, jour où Mr Daigneux Mre Adjoint à Délabre est venu prendre livrai-
« son des denrées qu'il avait achetées de Mr Testard, l'unique pièce dont
« je parle, la chambre d'honneur de l'habitation de Mr le maire
« de St Hilaire, a contenu les 183 Doubles-Décalitres de Noix form-
« ant la récolte cueillie dans la propriété de St Hilaire en 1864. »
ce qui fut même, par parenthèse, une assez désagréable gêne
pour Mr l'adjoint et moi lorsque le vendredi 3 février nous allâ-
mes faire quelques recherches dans les vieux papiers municipx
restés en dépôt en un placard sans serrure de cette chambre
délaissée.

Ceci ne paraîtra pas futile à un esprit sérieux ; c'est un fait qui
détermine et caractérise la véritable destination de la maison que
possède à St Hilaire le maire de cette commune ; c'est pour lui un
grenier, un silo... et voilà à tout. Et maintenant que le juge sait
aussi bien que moi, quels sont les véritables hôtes à demeure de la
chambre d'honneur de l'hôtel de Mr le maire, maintenant qu'il
sait que ces hôtes ordinaires sont membres de la famille des rongeurs,
mon très habile adversaire a trop d'esprit pour oser nous dire, même
par insinuation, que la maison de St Hilaire est la véritable habitation de son client et de sa famille.

Il reconnaîtra donc avec moi, que, pour Mr Testard, sa maison
de St Hilaire est aujourd'hui ce qu'elle fut toujours, depuis plus de
40 ans qu'elle est inhabitée par ses maîtres, une maison privée
des choses indispensables à l'habitation d'une famille aisée, impossible pour une famille qui réunirait aujourd'hui autour de
son unique foyer onze enfants ; que cette maison est aujourd'hui
« comme toujours, tenue par une pauvre vieille femme à très petits
« gages, (l'avant-dernière qui était demeurée là plus de 40 ans y
« gagnait 75 f), y vivant assez péniblement elle-même, comme ses
« devancières, tout en élevant quelques volailles et quelques porcs
« et en faisant des fromages, le tout au profit de son maître,
« qu'elle reçoit, quand il vient, à de longs intervalles, et toujours en
« passant, pour veiller, moins à l'administration de la commu-
« ne, qu'à celle de ses domaines personnels et des domaines dont il
« est, depuis plus d'un demi-siècle, l'heureux fermier ».

Et si par hasard, cette vérité était niée, j'offre de la prouver.
J'offre de prouver encore que cette réserve dont la commission
« municipale a fait état, au point d'affirmer et de signer que Mr
« Testard l'a fait valoir par lui-même, consiste en ceci :

« Sur les 272 hectares dont se composent les 6 métairies de Mr Tes-
« tard disséminées dans la commune de St Hilaire, une très faible
« partie constitue sa réserve ; et comme Mr Testard est un habile
« calculateur, comme il sait très bien qu'un faire-valoir véritable
« administré à distance, et loin de l'œil du maître, constituerait
« celui-ci en perte, au lieu de lui apporter profit, il se borne, pour
« cette réserve de St Hilaire, où il n'entretient, (noter le fait car
« il est important), ni domestiques, ni cheptel, ni attelages, ni
« instruments de culture (1), il se borne, dis-je, à faire convoquer
« par son garde, à jour fixé d'avance, les colons de ses 6 métairies
« et de ses 4 fermes, qui sont assujettis par les clauses de leurs baux
« à ces fréquentes corvées, et selon les besoins du jour, 10, 12, 14
« charrues, s'il s'agit de labourage, de nombreuses charrettes,
« des bras plus nombreux encore s'il s'agit de récoltes à cueillir ou
« à engranger, exécutent, en quelques heures, et au prix d'une fort
« maigre pitance, les travaux commandés au nom du maître. »
   Voilà ce que c'est que la réserve de Mr Testard à St Hilaire, et voilà comment il l'a fait valoir lui-même ; et M. Renault Jacquet et Potelou savent cela aussi bien que moi, mais comme
ils se sont bien gardés de le dire, (et ils ont eu leurs raisons
pour cela, croyez-le bien), je le dis pour eux, et ils ne me démen-
tiront pas, soyez en sûr. Vous m'accorderez bien maintenant,
que si, comme moyen de produire un bon revenu, sans grosse
dépense, le mode de faire-valoir appliqué par Mr Testard à
sa réserve de St Hilaire est une recette excellente et qui prouve
son savoir-faire, c'est un fort mauvais argument pour démontrer que son habitation est réellement au lieu où il
cultive ainsi, sans bourse délier, et par des mains étrangè-
res à sa domesticité, une pareille réserve.
   Nierait-on mes assertions sur ce point important ?
j'offre de les prouver.
   J'offre de prouver encore « que les médecins qui voient
« la famille Testard ont toujours été appelés à Puyrajoux,
« jamais à St Hilaire ;
   J'offre de prouver « que lorsque le 1er suppléant de Mr le
« juge de paix a été invité par Mr Testard à venir recevoir
« chez lui un de ces nombreux actes qu'on ne manquera

---

(1) Ceci va être prouvé ci-après par la production des extraits de
rôles attestant que Mr Testard n'acquitte aucune prestation à St H.

pas d'invoquer contre moi, à raison de la mention de domicile à St Hilaire que la plume du notaire a bien voulu concéder à son client comme ne compromettant personne, c'est tou-
« jours à Puyrajoux, jamais à St Hilaire que le rendez-vous a
« été donné et que cette mention peu authentique a été écrite. »

J'offre la même preuve, à l'égard de l'habile praticien que
« Mr Testard consulte habituellement comme conseil. » (1) ,

J'offre de prouver encore, que les officiers ministériels chargés
« des affaires et des recouvrements de Mr Testard, comme ceux
« qui ont à lui présenter des traites ou effets de commerce non
« payables en des domiciles-élus, se rendent pour recevoir leurs
« instructions ou leurs fonds, toujours à Puyrajoux, jamais à S.H. »

Ces offres de preuves sérieuses sont sérieuses comme elles, et j'en
fais, en conséquence, l'objet des conclusions formelles que j'irai
déposer sur le bureau (2) Le Magistrat sait mieux que moi que
« l'art. 22 du Décret du 2 février 1852 qui prescrit aux juges de paix
« de statuer sans frais ni formes de procédure, ne lui interdit
« pas de recourir à la preuve testimoniale, pour s'éclairer sur le
« fait de l'habitation, en l'absence de notoriété ou d'autres do-
« cuments. » (3) Et comme, pour notre juge, à raison des quelques
heures seulement   qu'il a passées au milieu de nous, et en
présence des audacieuses affirmations de la commission municipale de St Hilaire, la Notoriété, complète pour ses prédécesseurs, ne serait peut-être pas suffisante pour établir la
base de ses convictions, je demande formellement que :
« Dans le cas où Mr Testard, ici présent, et son fils, après lui,
« dénieraient les faits ci-dessus cotés, je sois admis à les prou-
« ver selon les formes de droit, dans le délai fixé par le juge. (4)

---

*(1) A ce passage de mon plaidoyer, l'avocat de Mr Testard a
lâché cette saillie : « Oui, et j'arrive de Puyrajoux et c'est là que
« j'ai déjeuné » Dans une telle bouche, ce n'est pas de la naïveté ; mais
alors ? — (2) V. la minute doss. D — (3) V. Cass. 25 avril 1864 Dalloz-1-139.

*(4) Ces justifications, que je proposais loyalement, n'ont pas paru de
goût de l'intimé. Que craignait-il donc ? n'affirmait-il pas en
plaidant que je procédais par simples allégations tandis que lui a-
vait à m'opposer des faits ; mais si ce n'étaient que de simples allégations, pourquoi me refuser une preuve qui, en démontrant les menson-
ges de mon imprudence et la sincérité de ses affirmations, devaient nécessairement aboutir, pour moi à la honte de ma confusion, pour

Si la notoriété publique, si les attestations véridiques d'honnêtes témoins de chair et d'os ne suffisaient pas, eh bien! j'invoquerais des témoins qu'on ne pourrait pas récuser, car ils sont incorruptibles. Ils se nomment chiffres officiels, et partout, ils sont crus sur parole sans l'inutile formalité de l'assignation, sans la dangereuse garantie du serment tant redouté des juges. — V. les extraits des rôles, Dossier C.

Tout est relatif en ce monde; telle habitation qui serait luxueuse pour un simple paysan est insuffisante et impossible pour un millionnaire. Or, M. Testard est au moins millionnaire; on le sait, il n'est pas fâché qu'on le sache, et il me l'a dit à moi-même. Eh bien! Dans la commune de St Hilaire, il y a trois habitants-habitant qui ne sont pas millionnaires, mais qu'on peut classer dans la même position sociale que leur maire; ce sont MM. Roy, Thomassin et Delhergé. Quelle est donc la taxe affectée à chacun d'eux au rôle communal pour l'impôt mobilier qui, comme on le sait, est basé sur la valeur locative de l'habitation occupée par la famille et en fixe l'importance relative? Cette taxe est de soixante quinze francs! . A St Hilaire, il y a une 4ᵉ habitation, (Boismiénard), celle-là est vide de ses hôtes naturels; le tuteur de la jeune enfant mineure à qui elle appartient, (M. de Crémiers maire de Bourg-Archambaud-Vienne), y passe 3 à 4 fois l'an 24 heures pour régler les comptes des fermiers et du garde, et voilà tout… et pourtant, cette demeure réellement inhabitée par ses maîtres, paye au fisc une taxe mobilière de cinquante quatre f. D'après ces chiffres irrécusables, que devrait donc payer à St Hilaire, M. Testard, le millionnaire, pour une habitation habitée par lui et sa famille, s'il avait réellement à St Hilaire une habitation habitable et habitée? La réponse ne saurait être douteuse, et certes, elle ne désignerait pas l'infime cote de 16 f 88 c.

---

lui à l'éclat d'un triomphe! Le juge, par le motif qu'il était en possessio.. suffisante de la notoriété, a repoussé cette preuve, qui n'avait qu'un but et ne pouvait en atteindre un autre, c'est-à-dire démontrer à sa jeune inexpérience la vérité comme les juges de 1846, autrement vieillis que lui dans la connaissance des faits au milieu desquels ils vivaient depuis plusieurs années, avaient entendu pourtant qu'elle fût prouvée, et comme mon adversaire de 1865, l'adversaire de 1846 ne pouvait trouver mauvais qu'elle fût prouvée en 1865, si la vérité de 1865 n'était plus celle de 1846!!.

Et pourtant, tel est le chiffre auquel est taxé Mr le maire de St Hilaire, pour l'impôt mobilier affecté à son habitation.... un f. 88c. de plus que son plus proche voisin, un simple paysan, Jean Mareroux qui paye au fisc pour l'impôt de même nature 15 f.

Dans l'échelle de proportion des situations respectives des habitants de la commune de St Hilaire, ces chiffres ne sont-ils pas à eux seuls toute une démonstration ? Mais en matière de chiffres, toute opération a son contrôle, sa preuve ; voici celle qui se présente à l'appui du résultat que je viens d'obtenir.

Quel est le chiffre de l'impôt mobilier acquitté par Mr Testard dans la commune de Délabre ? 84 f 71 c... Quel est le chiffre le plus élevé de l'impôt mobilier acquitté par ses voisins de situation sociale équivalente et habitant comme lui la banlieue ? (à part le château des Mgis de Délabre qui est dans des conditions tout exceptionnelles) ?... 43 f. 76 c par Mme L. David, 42 f 35c par Mr Joslé — Et dans la ville même où les loyers ont une valeur relative plus élevée ? 56 f 47 c par Mme Robert de Beauchamp, 49 f par Mlle Caillaud et par Mr E. Satou. — V. Dossier **C**.

L'exiguïté relative ridicule du chiffre de l'impôt mobilier acquitté par Mr Testard à St Hilaire, et l'élévation notable relative du chiffre du même impôt acquitté par ce contribuable à Délabre, disent plus haut que toutes mes affirmations, plus haut que toutes les dénégations aussi, où habite réellement le contribuable qui les paye tous les deux....

Je ne saurais donc mieux faire que de continuer à demander au fisc l'utile appui de ses irréfutables arguments.

Mr Testard acquitte à Délabre l'impôt de 31 f 55 c pour les chevaux et voitures à son usage personnel ; rien à St Hilaire. Pourquoi tout à Délabre et rien à St Hilaire ? Voici ce que répondent la raison et la loi : « Lorsqu'un contribuable a plusieurs résiden-
« ces, il doit, pour les voitures et les chevaux qui le suivent habi-
« tuellement, être imposé dans la commune où il est soumis à la
« contribution personnelle, conformément à l'art. 13 de la Loi du 21
« février 1832 ; c.à.d. dans la commune du domicile réel. Cette der-
« nière prescription était nécessaire afin de ne pas créer d'incer-
« titude pour le choix de la commune, dans le cas où le contribua-
« ble serait imposé à la contribution personnelle dans plusieurs
« résidences, ce qui a lieu quelquefois contrairement à la loi,
« mais du consentement avoué ou tacite des contribuables, ou
« du moins, sans réclamation de leur part. Ainsi, le contribua-

"ble ne sera pas indifféremment imposable dans l'une ou l'autre
"de ses résidences où il se trouverait assujetti à la taxe person-
"nelle, il le sera dans celle des communes constituant son domici-
"le réel, c.à.d. d'après la jurisprudence du conseil d'État, celle
"où l'on fait habituellement le séjour le plus prolongé".

Ceci se lit à la page 30 de l'ouvrage spécial intitulé "De l'im-
"pôt sur les voitures et les chevaux – Commentaire de la Loi du
"2 juillet 1862 – 2ᵉ édition –

Si Mʳ Testard habitait réellement St Hilaire, il eût assurément tout fait, n'en doutez pas, pour être admis à y acquitter
l'impôt auquel il est assujetti pour ses chevaux et voitures, et il lui
eût été rendu justice; il paye cette taxe à Bélabre, parce qu'il
habite réellement cette commune, et qu'il n'eût pu élever la pré-
tention monstrueuse de l'acquitter à St Hilaire, sans s'exposer à u-
ne contestation dans laquelle il eût nécessairement succombé.

Mʳ Testard acquitte à Bélabre la taxe de 61 f. 20 c. pour ses
prestations; rien à St Hilaire. Pourquoi tout à Bélabre et rien à
St Hilaire? Voici ce que répondent encore la raison et la loi.
La Loi du 21 mai 1836 dispose que "tout habitant… chef de
"famille…. porté au rôle des contributions directes pourra être
"appelé à fournir chaque année une prestation de 3 jours 1° pour
"sa personne et pour chaque individu mâle valide âgé de 18 ans
"au moins et de 60 ans au plus membre ou serviteur de la fa-
"mille et résidant dans la commune; 2° pour chacune des char-
"rettes ou voitures attelées, et en outre pour chacune des bêtes
"de somme de trait ou de selle au service de la famille, dans la
"Commune" – Un commentateur fort versé dans ces matiè-
"res spéciales, développe ainsi ces dispositions: "C'est à la quali-
"té d'habitant qu'est attachée la taxe de la prestation pour la
"personne, en conséquence dans le cas de pluralité de résiden-
"ces alternatives de la part d'un individu, c'est dans la com-
"mune où il a son principal établissement, où il réside le plus
"longtemps, qu'il doit être imposé pour sa personne….

"Dans le cas" (écoutez bien ceci) "où un propriétaire
"possède dans plusieurs communes un établissement agri-
"cole ou industriel, il doit être imposé dans chaque commu-
"ne pour le nombre des hommes, voitures et bêtes qui y séjour-
"nent d'une manière permanente. Si au contraire les hom-
"mes voitures et bêtes passent alternativement d'un établissᵗ

dans un autre, il doit être imposé pour tous ses moyens d'exploitation dans la commune où est son principal établissement ».
(Guide théorique et pratique du Contribuable. Troard n° 93. 1861 – 72)
C'est donc à la qualité d'habitant qu'est attachée la taxe de la prestation en nature, et voilà pourquoi Mr Testard, qui acquittait jadis cette taxe à S¹ Hilaire et à Délabre pour sa personne, et qui
en est dispensé aujourd'hui par son âge, acquitte aujourd'hui
cette taxe pour son fils et ses domestiques à Délabre seulement
ce fils et ses domestiques habitant avec lui dans cette commune et non pas à S¹ Hilaire. Et notez bien ceci, car c'est capital dans
la cause, si Mr Testard n'est imposé à S¹ Hilaire pour aucun chiffre, au rôle de cette taxe locale, c'est que, non seulement il n'habite pas avec son fils à S¹ Hilaire, mais c'est qu'il n'y a même pas
le moindre établissement agricole où séjournent des hommes, des voitures, des bêtes, comme cela a toujours lieu dans une
exploitation rurale jointe à la résidence. … est-ce clair ?
– Ces chiffres officiels ne démontrent-ils pas, comme je l'ai dit en
son lieu, le véritable caractère de cette réserve de S¹ Hilaire, qu'au
dire de MM. Hénault, Jacquet et Soielon, Mr Testard fait pourtant valoir par lui-même. … oh vérité, vérité !! (1)
(« Mais, nous dira-t-on, « Mr Testard acquitte à S¹ Hilaire sa taxe personnelle, et il ne figure pas pour cet impôt caractéristique de l'habitation au rôle de Délabre » — je le sais, mais
« je sais aussi que lors des procès électoraux de 1846 – 1849 et
1851 (le dossier C. et le jugt du 13 fév. 1851 le prouvent), Mr
Testard payait cette taxe caractéristique de l'habitation
et à S¹ Hilaire où il n'habitait pas, et à Délabre où il habitait. Quand je plaidais avec lui, (le dossier C. le prouve), il
payait en outre à Délabre et à S¹ Hilaire ses prestations
personnelles. … Il se donnait alors le luxe, si peu dans ses habitudes, de cette surperfétation fiscale, croyez-vous que ce fut,
de sa part un acte de pur civisme S¹ Hilairien ? Non non, c'é-
tait toujours par suite du même calcul, et il a réussi, quand le
calcul lui a permis, grâce à ses parcellements et au peu d'intérêt que l'admon m¹ de Délabre a cru devoir attacher à une
si mince chose, d'en répudier le léger fardeau, il a réussi, dis-je

※(1) Le jugement d'appel qui invoque l'acquit de certains impôts
payés par Mr Testard à S¹ Hilaire, ne dit mot de tout ceci. ces taxes là sont pourtant assez caractéristiques de l'habitation !!

à réaliser sur son budget une économie de 2f70 en ne payant plus qu'une cote personnelle, et à St Hilaire seulement.

Mais pourquoi à St Hilaire, et non à Bélabre? Le commentateur que j'ai cité plus haut, a d'avance, répondu pour moi; Mr Testard est dans le cas indiqué par cet auteur; son inscription toujours maintenue au rôle de la contribution personnelle à St Hilaire ne prouve pas qu'il y habite, "mais seulement que ce fait, "contraire à la loi, a eu lieu du consentement avoué ou tacite des "contribuables, ou du moins, sans réclamations de leur part."

C'est une faute, disons nettement le mot, de la part des préposés à la garde des intérêts des contribuables de la commune de Bélabre, (qui payent aujourd'hui pour Mr Testard), de n'avoir pas énergiquement maintenu ce contribuable sur le rôle de la contribution personnelle de cette commune où il a figuré à bon droit, jusque dans ces derniers temps, ainsi que l'a prouvé le jugé de 1851; c'est un devoir pour eux d'exiger désormais que si leur concitoyen tient absolument à payer cet impôt à St Hilaire, où il ne le doit pas, il l'acquitte aussi à Bélabre où cet impôt, tout minime qu'il soit, est légitimement dû, comme celui des chevaux et voitures, comme celui des prestations, comme celui qui grève les chiens et les chasseurs, et au même titre.(1)

Je connais si bien l'honnêteté et l'intelligence de ceux à qui s'adresse cette réflexion purement légale, que d'un simple argument invoqué en faveur de ma cause aujourd'hui, sortira, l'an prochain, la source d'un léger dégrèvement pour les contribuables de notre chef-lieu de canton, et, à leur égard, tout au moins, ce procès aura été bon à quelque chose.

Si Mr Testard, toujours fidèle à sa tactique, a constamment cherché à laisser planer sur son vrai domicile un vague utile à ses habiles calculs, à l'aide de l'acquittement en partie double et à St Hilaire et à Bélabre, d'impositions qu'il ne devait réellement qu'à Bélabre, il a fait absolument de même à l'égard des actes publics dans lesquels il est intervenu comme partie, (toutes les fois, notez bien le fait, qu'il a pu en agir ainsi sans danger). Il ne manquera donc pas, en 1865, de vous dire comme il le disait en 1846, (et la commission m-ale s'est empressée d'y ajouter à l'avance son affirmation officielle),

---

(1) On verra plus loin que Mr Elie Testard paye à Bélabre la taxe sur les chiens.

que les Notaires l'ont toujours établi sur leur papier timbré comme domicilié à S¹ Hilaire. Mon dossier de 1846 contient une lettre de M⁰ Guyot de Monserand notaire à Bélabre lequel, à la date du 8 Mars de cette année là, atteste ce fait, en ce qui le concerne. On produira sans doute en 1865 une semblable pièce... Que prouvera-t-elle au juge de 1865 ? Ce que sa sœur ainée a prouvé aux juges de 1846. On pensera, et avec grande raison, qu'il serait vraiment trop facile de se créer des titres à sa guise, s'il suffisait de faire écrire dans un acte authentique reçu par un officier ministériel dont la responsabilité n'est réellement engagée que dans les cas textuellement indiqués par la loi, une énonciation de domicile que nul n'a le droit de contrôler au moment où elle est produite, et à laquelle ce défaut d'un contrôle impossible enlève précisément tout caractère sérieux contre les tiers. (1)

D'ailleurs, il me serait facile, si j'en pouvais faire la recherche minutieuse, de vous citer aussi nombre d'actes, dans lesquels la force de la vérité oblige M⁰ Testard à s'oublier au point de constater qu'il est domicilié et habitant en la commune de Bélabre au château de Puyrajoux. Dans le passé, j'invoquerais plusieurs actes (2), mais je ne saurais vous faire grâce d'un fait qui, à lui seul, devrait suffire pour noyer dans le mortel ridicule de la contradiction l'homme auquel je vais le rappeler et qui ne le niera pas, quand il saura que la preuve authentique figure en mon dossier. (…)

---

(1) Le juge d'appel a fait état dans un de ses considérants de ce qui avait paru d'un poids bien léger à ses devanciers !!
Que répondrait l'honnête notaire si on lui posait cette question : « Eussiez-vous mis, dans les 500 actes que vous avez reçus pour M⁰ Testard, l'énonciation inoffensive que vous avez « bien voulu accorder à sa fantaisie, si la sincérité de son habitation à S¹ Hilaire eût été constitutive de la validité de vos actes, « et si la non-sincérité de cette habitation à S¹ Hilaire eût entraîné contre vous une amende ? » Il répondrait assurément, NON. Si on ne me croit pas, qu'on essaye, et l'on verra.

(2) V. notamment, actes du 7 X⁰ 1843 Augier de Cremiers et Testard – Du 19 aout 1845 enreg. le 23 assign. à Deunier et Monserand 11 9ᵇʳᵉ 1845, aff. facta des Loges et Testard, et plusieurs autres

C'était en 1845, Mr Testard était alors en procès avec son garde-particulier, le Sr Robinet ; Ce dernier ayant gagné devant le premier juge, (un de vos prédécesseurs, l'honorable Mr Rochier de très spirituelle mémoire,) appel fut porté devant le Tribl du Blanc. Or, alors, comme aujourd'hui, il s'agissait pour Mr Testard de ne pas perdre son procès, car sa réputation de probité son amour-propre et sa bourse y étaient tout à la fois engagés. J'admets volontiers qu'aujourd'hui, dans notre affaire, le second de ces points là est seul compromis, mais je voudrais bien que, pour un intérêt si minime, on ne s'exposât pas aux soufflets des contradictions qui vont vous être révélées. Robinet, lui aussi, tenait d'autant plus à gagner son procès, qu'un premier succès semblait l'autoriser à compter sur un second, et qu'il combattait pour le morceau de pain qu'il avait gagné à la sueur de son front. Robinet proposait donc au Tribl du Blanc un moyen de nullité contre l'acte d'appel, requête Testard, et tiré de ce que, dans l'exploit l'appelant était dit " Domicilié à Luyrajoux " tandis que sa qualité de maire et ses déclarations en un grand nombre d'actes notariés devaient le faire considérer comme habitant et domicilié à St Hilre

Mr Testard, de son côté, protestait avec l'énergie de l'intérêt doublée de l'énergie de son droit, (en fait de domicile), contre les mensongères prétentions de Robinet et soutenait que son appel était parfaitement régulier attendu qu'il était bien en fait domicilié et habitant à Luyrajoux commune de Délabre, malgré la fiction légale de son domicile comme Maire, puis il déduisait à l'appui de cette assertion juridique........... toutes les raisons que j'invoque en ma faveur aujourd'hui, et qui doivent être aujourd'hui l'invincible cause de sa défaite, comme elles furent en 1845, l'unique cause de son triomphe. Et en effet, en 1845 et le 24 février, le Tribl du Blanc, sur les conclusions de Mr Testard : "Considérant que Testard <u>réside</u> "<u>habituellement</u> <u>AVEC SA FAMILLE</u> à Luyrajoux commune de "Délabre qu'il y a son principal établissement et par conséqt "a son domicile réel... & rejeta le moyen de nullité. — V. Doss. B.

Il est vrai qu'à un an de là, Mr Testard, le même Mr Testard ne craignait pas de venir demander au même Tribl de décider contre moi " qu'il <u>résidait habituellement</u> avec sa famille " à St Hilaire " mais vous savez que les juges flétrissant une pareille palinodie répondirent à cette injurieuse requête par la décision dont le contre-coup doit frapper à mort aujourd'hui l'audacieux plaideur qui osa étaler ainsi publiquement le mépris qu'il faisait de la conscience et de la probité des magistrats !!

« Ceci se passait il y a 20 ans, » me dira-t-on, et, 20 années, dans un temps où l'on vit si vite, c'est de l'histoire bien ancienne, »… En voulez-vous de plus moderne ? Mᵉ Testard est assurément fort habile, mais il s'est endormi, lui aussi, sur l'oreiller du succès, et il n'a pas fait veiller autour de lui, car il a laissé écrire sa condamnation de son domicile-créé, en caractères authentiques, dans les actes les plus récents de sa vie civile. Je choisis entre plusieurs :
« Napoléon &c. Entre Mʳ François Testard-Vaillant, négociant « demeurant et domicilié à …. Suyrajoux (Suyrajoux) commᵉ « de Délabré, demandeur » &c. Où lisons-nous ceci ? En tête d'un jugement du 17 8ᵇʳᵉ 1864 (jeudi 1864) rendu par le tribᵃˡ du Blanc, signifié au défendeur, Jean Ferrand, habitant de la commune de St Hilaire, le 5 Xᵇʳᵉ suivant (1864) par Mᵉ Michaud huissier, (étude de Mᵉ Clovis Gaudon avoué au Blanc qui plaide aujourd'hui contre moi), « à la requête de Mʳ François Testard propʳᵉ « et commerçant demeurant et domicilié à Suyrajoux commᵉ « de Délabré, »(1) ——— Quoi de plus clair ? à moins que « demeurant à » et « habitant à » ne soient plus synonimes, ce que mes vieux préjugés littéraires ne sauraient admettre, quand je lis dans mon Dictionnaire « Demeurer, (demorari), habiter, faire « sa demeure, » &c. — « habiter, (habitare), faire sa demeure, son « séjour en quelque lieu, »…. Passons.

Mais le juge chargé de vider ce procès, n'aurait-il pas pris sa part dans un acte assez formel en faveur de la solution que je lui demande ? — L'art. 22 du Décret du 2 février 1852 enjoint au juge de paix de « donner trois jours à l'avance un avertissement aux parties intéressées, et la Cour suprême a décidé que cette formalité substantielle doit être remplie sous peine de nullité (2). Certes notre juge n'a pas exposé sa sentence à une pareille épreuve, et, c'est par suite de son ordonnance et de l'avis officiel qui nous l'a notifiée, que mon adversaire et moi, nous sommes aujourd'hui devᵗ lui ; Eh bien ! cet acte de procédure électorale, fait à sa requête m'a été signifié en mon habitation à St Hilaire par le ministère de notre très honorable brigadier de Gendarmerie, le mardi 21 février, est-il venu à la pensée du magistrat de recommander à

---

(1) V. Dossier B — (2) Arr. Cass. 25 9ᵇʳᵉ 1850.

son agent de porter l'avertissement destiné à Mr Testard à quelque vingt pas plus loin, au delà du petit pont qui relie les deux rives de la Ménaise et me sépare de la maison que Mr le Maire de St Hilaire « n'a pas cessé d'habiter depuis plus « de 40 ans », et où l'on aurait eu, dès lors, si cela était vrai, chance à peu près certaine de le trouver ?... Assurément non, c'est sur les bords de l'Anglin, au château de Puyrajoux, commune de et près de Bélabre, que Mr Linhard s'est transporté, après avoir quitté ma bourgeoise demeure, et c'est là, qu'il a remis, à qui de droit, l'avis confié à son ministère. On ne pourra pas m'objecter, comme en 1846 que je me suis créé un titre en choisissant moi même le domicile de l'assignation ; je ne suis pour rien dans tout ceci. Est cela un argument à dédaigner pour la conscience du juge qui me l'a fourni ?

Un fait personnel à Mr Testard, et qui est assurément bien significatif, réclame votre sérieuse attention :

Vous savez comme moi, que si les maires des grandes villes, à raison de leurs nombreuses occupations officielles, se déchargent toujours sur leurs adjoints de l'exercice des fonctions d'officier de l'état-civil, il n'en est pas ainsi des maires de condition plus modeste, qui, dans nos campagnes, ayant plus de loisirs, se font toujours au contraire un devoir, et ils ont raison, de remplir personnellement, et à peu près exclusivement, cette partie essentielle de leurs honorables fonctions. C'est elle, en effet, qui, en associant le maire aux joies aux douleurs et aux intérêts les plus sérieux de la famille, établit entre lui et ses administrés, un lien dont on ne saurait nier la force, au point de vue de l'influence toute naturelle et toute légitime qu'il assure, dans nos campagnes surtout, à la paternelle magistrature du chef de la Commune.

Or, Mr Testard, qui sait cela aussi bien que vous et moi, Mr T. dont l'incontestable habileté n'a jamais reculé devant les moyens de se créer et de se conserver, dans le milieu où il manœuvre si bien, l'influence qu'il y a toujours cherchée, et qui a du reste été la raison, et la seule de l'incroyable fortune politique dont il offre le plus prodigieux exemple que l'on connaisse en France ! Mr Testard qui a fait de St Hilaire le point de départ et la première cause de cette fortune étrange, (et c'est précisément ce qui explique la lutte de 20 ans pour y conserver par une tactique plus persévé-

ou négliger le puissant moyen d'action sur les masses qu'il avait sous la main.... Mais alors, n'est-il pas vrai ? pendant le presque demi-siècle qu'il a ceint l'écharpe municipale, il a dû laisser sans doute dans les archives de la grande famille dont il est le père, les traces multipliées de son intervention journalière dans les milliers d'actes qui fixent l'état civil de ses enfants groupés autour de la patriarcale demeure, où il n'a pas cessé d'habiter depuis plus de 40 ans, de telle sorte, que le chiffre et la date des signatures apposées sur le livre d'or de nos familles champêtres vont attester aujourd'hui au juge de Mr Testard l'existence incontestable du fait qu'il affirme, c'est à dire sa résidence habituelle ou la plus habituelle à St Hilaire !

Eh bien ! écoutez, ceci en vaut vraiment la peine :

Mr le Maire de St Hilaire a plus de 40 ans d'exercice, c'est la commission m.ᵃˡᵉ qui nous le dit, et, sur ce point du moins elle dit vrai ; c'est même à cette longévité majorale, assez rare en France, où tous ne sont pas doués d'une dextérité suffisante pour résister ainsi à tous les flux et reflux de l'océan politique et de ses tempêtes, que Mr Testard doit la distinction qui décora en sa personne (c'est le Moniteur qui l'a dit), les services de l'officier municipal. Mr Testard succédait à Mr Chapouille dont il avait épousé la fille le 26 mars 1823, et qui était lui-même Maire de St Hilaire depuis longues années. Mais les deux époux habitèrent dès lors et comme toujours depuis le château de Puyrajoux, où nous verrons naître, (notez ce point, un des plus importants de la cause) les cinq enfants issus de leur union. Or, le 28 mars 1837, c'est à dire treize années après que le nouveau maire était entré en fonction, son adjoint Georges Testé venait à décès, et, sur les 811 actes de l'état civil rédigés pendant cette période de 13 années, pas un seul, (pas un seul entendez vous bien) ne porte la signature de Mr le Maire ; et les registres de 1837 attestent que ce Maire n'était pas là au moment des derniers actes reçus par son continuel remplaçant qui, mourant sur la brèche pourtant, en a laissés quelques uns non signés de sa main sur le double déposé au greffe. Puis enfin, pendant le court interrègne qui sépare le décès de l'adjoint Testé avec la nomination de son successeur, Morin, apparaît la signature nécessaire et forcée de Mr le Maire. 17 de ces autographes, précieux par leur rareté au moins, attestent que du 8 février 1837 au 9 avril de la même année, Mr le Maire a dû signer, faute d'adjoint, ces 17 actes, in globo ; car si l'on remarque que dans ces 17 actes il n'y a pas un seul acte de mariage, on comprendra que ces 17 signatures n'impliquent pas la récessité d'un séjour à St Hilaire correspondant au nombre d'actes signés, parce que ces actes n'exigeaient pas, pour chacun d'eux, comme s'il se fût agi par exemple d'actes de mariage, la présence effective du fonctionnaire qui leur appliquait par son seing le sceau de l'authenticité. Une 18ᵉ signature apparaît pourtant encore le 12 mai 1837. Elle était nécessaire ; il s'agissait de l'acte de naissance d'un enfant de Mr l'adjoint du Maire, de ce maire qui ne préside même pas l'année suivante, (10 juin 1838) au mariage de la fille de feu son vieil adjoint Testé avec l'homme qui devait être plus tard son adjoint aussi et son adjoint bien fidèle, l'adjoint d'aujourd'hui enfin — (Sylvain Hénault) ; de ce maire qui, oublieux déjà de ce que sa famille avait dû, en ses humbles débuts, au vénérable et vénéré vieillard qui me choisit pour son fils, ne put répondre, le 24 mai 1841, à une invitation dont il devait être honoré mais qu'il répudia, parce qu'elle lui eût imposé la nécessité de venir ceindre à St Hilaire l'écharpe municipale, alors que des soins plus fructueux l'appelaient comme toujours au loin, pour ses plantureuses opérations de son commerce.

Après ces 18 signatures in globo, près de 9 années s'écoulent pendant lesquelles 437 actes de l'état-civil sont rédigés sans qu'un trait de plume y accuse l'existence du maire au milieu de ses administrés. Mr Jaquemain, dans cet intervalle (1840) a succédé comme adjoint à Mr Morin, et a inauguré cette formule stéréotypée depuis : « Pour le maire absent, l'adjoint ».

En 1846, (1) 1847 et 1848, sur 148 actes reçus, les 19ᵉ 20ᵉ 21ᵉ et 22ᵉ signatures sont données par Mr le maire, pour l'acte de mariage d'Anne Moreau, belle sœur de l'adjoint, 19 janv. 1846 ; pour l'acte de naissance d'une fille de l'adjoint, 23 8ᵇʳᵉ 1846 ; pour l'acte de naissance d'une fille du nouvel adjoint, Hénault, 14 avr. 1847 ; enfin pour l'acte de décès de Anne Testé belle sœur de l'adjoint, 30 août 1848.

En 1849, 1850 et 1851, pas une seule signature pour 142 actes reçus. En 1852 et 1853, au milieu de 108 actes, apparaissent les 23ᵉ 24ᵉ et 25ᵉ signatures du Maire pour l'acte du mariage du beau-frère de l'adjoint, 19 janv. 1852, et pour les actes de

_____

(1) Le 11 Xᵇʳᵉ 1846, une signature que je crois sienne, figure au registre, je ne sais à quel titre car le signataire n'est, ni déclarant ni témoin ni officier de l'état-civil... Il a signé.... parce qu'il était là !!. voilà tout... oh ! vérité, tu es là toi aussi.

23

Décès des 2 jeunes enfants de l'adjoint – 3 mars 1853 –

Enfin, et c'est là le plus important au procès, de 1854 à la fin de 1864, c.a.d. pendant les <u>onze dernières</u> années qui ont fourni 542 actes de l'état civil de la Commune de St Hilaire, pas un seul de ces actes, pas un seul, entendez vous bien, ne porte la signature de M^r le Maire, de ce Maire qui vous affirme aujourd'hui, ainsi qu'il l'affirmait aux juges de 1846, avant ses aveux forcés, qu'il habite comme il a toujours habité au milieu de ses administrés, de ce Maire auquel son adjoint, cet homme qui a reçu écrit et signé <u>seul</u> ces 542 actes, n'a pas eu l'énergie de refuser le certificat que lui demandait, à défaut de <u>courage</u>, le respect dû à la <u>conscience publique</u> !!

Et maintenant, si cette statistique qui m'a paru bonne à produire et dont ma loyauté vous garantira j'espère, la scrupuleuse exactitude, n'a pas son éloquence dans l'ordre d'idées auquel elle se rapporte, si ces 25 signatures perdues au milieu de près de 2,700 actes de l'état-civil de la commune de St Hilaire, n'ont pas une écrasante signification contre l'homme qui en fut si avare quand tout lui commandait d'en être prodigue, et qui les eût prodiguées si la gêne de la <u>résidence</u> n'y eût mis un insurmontable obstacle, ni la logique, ni le bon sens, n'ont plus rien à faire dans le raisonnement des hommes !

J'ai ouï murmurer « qu'on invoquerait contre moi les actes les « plus solennels de l'état-civil de la famille Testard, en faveur du « domicile que je lui conteste aujourd'hui » ; je n'en crois rien.

Ce ne sera pas sans doute l'acte de mariage de Mr Testard, car si voulant se prévaloir de l'<u>authenticité légale</u> de cet acte, mon adversaire allait prétendre qu'il s'est marié <u>réellement</u> à S^t hilaire, je lui affirmerais qu'il <u>se trompe</u> et que cette réalité là est de même famille que celle de son habitation à St Hil^{re} et j'offrirais de lui prouver, si sa mémoire lui faisait défaut, que, quoique l'adjoint du maire de St Hilaire, signataire de l'acte en question, ait positivement écrit que le mariage a eu lieu à <u>St Hilaire</u>, cet acte solennel a été <u>réellement</u> célébré à Puyrajoux où M^r l'adjoint avait porté ses registres ; une écriture, depuis bien longtemps connue à Bélâbre, prouverait, au besoin, que ce jour là, l'adjoint du maire de St Hilaire eut un secrétaire inaccoutumé, et, si je faisais ici un appel aux souvenirs de l'honorable receveur des Domaines assis à mes côtés, (Mr Dallemans), dont la plume m'a mis sur la piste de ce petit secret municipal, il n'hésiterait pas à vous déclarer, j'en suis certain, qu'en effet, ce fut lui qui écrivit sur le registre de l'état-civil de S¹ Hilaire l'acte du mariage de M⁻ Testard, et que cet acte fut passé, écrit et signé à PUYRAJOUX.

Je ne redoute guère plus que M⁻ Testard vienne devant vous invoquer les actes de naissance de ses enfants qui, TOUS, (et ils sont au nombre de cinq), sont nés du 12 Mars 1824 au 2 Xᵇʳᵉ 1832 à Puyrajoux, — V. Dossier B —, loin de cette maison de S¹ Hilaire que leur père « n'a pas cessé d'habiter depuis plus de 40 ans » et qui eût été nécessairement leur berceau si la commission municipale qui a signé cette attestation eût dit la vérité sur ce point.

Cependant, deux actes de l'état-civil de la famille Test⁻ pourraient m'être opposés, si je ne donnais pas une explication détaillée de leur existence. En compulsant au greffe du Trib¹ du Blanc les archives de la famille Testard, on constate que les deux Mariages de M⁻ˡˡᵉ Félicité Testard et de M⁻ Lucien Testard, enfants de M⁻ François Testard, ont été précédés des 2 publications exigées par l'art. 63 C.N., le premier les 1 et 8 Xᵇʳᵉ 1850, le 2ᵉ les 12 et 19 août 1855, mais que ces publications, qui figurent dans les registres de la commune de S¹ Hilaire, n'existent pas dans les registres de la commune de Délabre.

Ceci serait bien grave contre moi, si ce n'était encore plus grave contre M⁻ Testard. Pourquoi, en effet, et dans une circonstance aussi grave, les prescriptions sévères de l'art. 63 du C.N. n'ont-elles pas été remplies à Délabre, si la commune de Délabre est et a toujours été, comme je le prétends, le domicile d'habitation continu de M⁻ Testard et de sa famille, et pourquoi ces mêmes formalités ont-elles eu lieu à S¹ Hilaire seulement, là où je soutiens si énergiquement que mon adversaire ne réside pas et n'a jamais résidé.

Voici le mot de cette redoutable énigme.

En 1850, M⁻ Testard mariait sa plus jeune fille à M⁻ Clément propriétaire à Orsennes (1) Canton d'Aigurande arrondissement de la Châtre distant de S¹ Hilaire d'environ 60 Kilomètres. Or, il tenait essentiellement à ce que ce mariage se célébrât à S¹ Hilaire même. Le souvenir récent

---

* (1) Le Dossier B contient les quatre pièces irrécusables que je vais invoquer successivement à l'appui de mon récit. C'est à mon avis, un des points les plus sérieux de l'affaire.

des procès électoraux de 1846 et 1849, la crainte fondée d'un procès électoral prochain, qui advint en effet un mois après, (le procès Robin), tout lui faisait une loi d'attester par un acte aussi solennel que celui-là, ce qu'il y avait de légalement vrai dans son domicile contesté. À sa prière, donc, son adjoint (qui ne lui a jamais rien refusé hélas !), fit, les 1er et 8 Xbre 1850, les publications exigées par l'art. 63 C. N. Mais quand le maire de Bélabre reçut invitation de faire, en partie-double, ces mêmes publications sur simple certificat de l'officier de l'état-civil de St Hilaire, il répondit que sa conscience lui affirmant que le domicile de la future et de son père, quant au mariage, étant à Puyrajoux en la commune de Bélabre, c'eût été devant lui officier de l'état civil de cette commune, que les parties contractantes eussent dû se présenter pour requérir les publications légales, et non pas devant le maire de St Hilaire, qui était sans qualité dans l'espèce; que, du moment où le domicile d'habitation en la commune de Bélabre était nié, lui, maire de Bélabre, n'avait point à faire en sa mairie des publications proclamées inutiles par ceux-là mêmes qui les réclamaient; et... il refusa net, ajoutant toutefois, (in caudâ venenum), que si le mariage civil de Mlle Testard se célébrait à St Hilaire, le maire de Bélabre, dans l'intérêt de la loi, remplirait son devoir. (1)

De son côté, Mr le Curé-Doyen de Bélabre, dont la juridiction religieuse était aussi incontestable, avait engagé Mr le curé de St Hilaire à agir avec beaucoup de réserve en une aussi grave affaire. La position était difficile... et pourquoi difficile ? sinon à raison même du vice essentiel que je lui reproche aujourd'hui ?... Mais alors, il ne s'agissait pas d'une simple question électorale qu'un arrêt tranchera sans graves dommages matériels pour personne; en Xbre 1850, c'était tout autre chose; il y avait là un danger sérieux, Mr Testard le comprit, et il agit en conséquence.

Vis-à-vis de Mr le curé de St Hilaire, une autorisation de l'archevêché de procéder au mariage, parut à Mr le maire un acte suffisant pour couvrir la responsabilité du prêtre; il obtint cette autorisation en allant à Bourges expliquer lui-même, et à sa façon, sa situation domiciliaire; mais quant à la responsabilité de l'officier de l'état-civil, il en jugea autrement.

Condamnant d'avance par sa prudente retraite, ses futures

---

*(1) Pour la justification de ce fait si grave, j'invoque le certificat du maire actuel de Bélabre, alors adjoint. — Dossier B.

audaces, il pensa, avec raison, qu'il ne devait pas compromettre davantage son déjà trop complaisant adjoint, ni exposer sa fille à un affront... Il décida donc que le mariage civil serait célébré devant le maire de son futur gendre, ainsi que le permettait l'art. 165 C.N. Au lieu du contrat de mariage qui devait être reçu à Puyrajoux, le notaire de confiance de M. Testard fit une procuration par suite de laquelle ce contrat fut passé à Orsennes ; On se maria civilement devant le maire de cette commune le 12 Xbre 1850 à 10 h. du matin, puis on vint, 4 jours après, le lundi 16 à S. Hilaire recevoir la bénédiction nuptiale dans l'église de cette paroisse, et, de là, on retourna.... à Puyrajoux s'asseoir au banquet qui termina cette longue Odyssée. « Qu'on pouv- « ait s'éviter », nous dit un historien du temps, « en restant tout « bonnement chez soi ». Ce mot heureux et plein d'à propos, est un trait de lumière à éclairer les aveugles ; il a été écrit le 18 Xbre 1850 par un témoin fort désintéressé ». (1)

Mais comment M. le Curé de S. Hilaire avait-il cru pouvoir prêter son ministère à la cérémonie religieuse ? Je vais vous le dire, parce que cela est nécessaire à ma cause, ou plutôt, je vais laisser à mon ancien pasteur le soin de vous le dire lui-même.

M. le curé de S. Hilaire « savait parfaitement bien qu'en fait « et en droit canon, M. le Maire de S. Hilaire n'était pas son pa- « roissien et que lui curé n'avait pas juridiction sur la fille de M. « Testard, habitant avec son père à Puyrajoux ; il se trouvait fort « embarrassé, non pas lorsqu'on lui demanda de publier les bans « du mariage, ce qui peut se faire dans n'importe quelle paroisse, « sans empiéter sur la juridiction du Curé, mais bien quand M. « Testard lui demanda de célébrer le mariage religieux dans son « église, et par lui, comme son curé. En effet, quoique M. Test. « fût muni d'une autorisation écrite de feu M. le gd Vicaire Mi- « chaud, cela ne lui suffisait pas pour rassurer sa conscience, étant « bien convaincu que l'autorité supérieure était dans l'erreur sur la « résidence du maire de S. Hilaire. Il savait, de plus, que des diffic- « ultés sérieuses étaient faites à Délabre par le maire, dans le « cas où le mariage civil se serait fait à S. Hilaire ; Dans sa per- « plexité donc, le curé de S. Hilaire fit le voyage d'Orsennes « avec grandes fatigues, par un temps affreux, de pleine nuit,

(1) V. au Dossier B, les actes authentiques qui établissent ces faits.

« l'eau tombant par torrents, et il rapporta la délégation spéciale
« de M. le curé d'Orsennes, propre curé du futur, qui lui transmit
« sa juridiction, de telle sorte, que le mariage fut fait à St Hilaire
« par M. l'abbé Dechâtre comme curé d'Orsennes, et non comme
« curé de St Hilaire, puisqu'il n'avait nulle juridiction en cette qua-
« lité et que, sans cette délégation, l'acte de mariage eût été nul. »(1)
Et c'est pourquoi on lit dans l'acte même du mariage religieux
cette mention insolite « Nous curé soussigné et délégué spécialement
« par le curé d'Orsennes à la date du 16 Xbre (le matin ou plutôt
la nuit même), leur avons donné la bénédiction nuptiale. »(2)

Après ces détails, dans lesquels je ne serais pas entré s'ils n'eussent
pas été des plus importants pour ma cause, on ne viendra pas, je
l'espère, invoquer devant vous « les actes les plus solennels de l'é-
« tat civil de la famille Testard comme preuve d'un domicile, d'une
« résidence » dont ces actes appréciés et connus démontrent au contraire que l'affirmation est un mensonge, devant lequel on a reculé quand ce mensonge avait ses dangers.

J'ai rempli la moitié de ma tâche, et je la résume :
Dans un but complètement et exclusivement politique, à l'aide d'une tactique toujours persévérante et tenace, quoique souvent
contrariée par des faits graves et condamnée même par des décisions
judiciaires, un homme a constamment voulu donner à une maison
que, dans le sens grammatical comme dans le sens légal, il n'a jamais
habitée, les apparences d'un domicile d'habitation réelle qu'il a, du
reste, tout le premier, formellement nié quand son intérêt ou les sévérités de la Loi ont exigé qu'il se réfugiât sous l'abri protecteur de
sa véritable demeure, ou bien encore quand l'affirmation du mensonge de son habitation fictive eût présenté pour lui un danger
sérieux.   Est-ce là le domicile d'habitation qu'exige la Loi
électorale qui nous régit aujourd'hui ? telle est l'importante question qui va faire l'objet de mon examen dans les développements
sur lesquels j'appelle votre religieuse attention.

---

(1) Extrait textuel de la lettre en date du 1er février 1865 de M. François Dechâtre ancien curé de St Hilaire aujourd'hui curé de St Au-
bin canton d'Issoudun (Indre) — V. Dossier B —(2) V. ibid—

Quel est aujourd'hui le véritable caractère du domicile électoral, quelle est, en ce qui le concerne, la pensée vraie du législateur qui en a fixé les conditions ? (1) Voici, à cet égard, les textes des diverses lois électorales édictées depuis l'adoption du suffrage universel. Cette citation est indispensable car elle servira de base à toute la discussion.

Décret des 5-6 Mars 1848 — art. 6 — "Sont électeurs tous les français "âgés de 21 ans, résidant dans la commune depuis 6 mois, et non ju-"diciairement privés ou suspendus de l'exercice des droits civiques".

Décret du 15 mars 1849 — art. 2 — "Elle (la liste électorale) com-"prendra par ordre alphabétique 1º tous les français âgés de 21 ans "accomplis jouissant de leurs droits civils et politiques, et habitant dans "la commune depuis 6 mois au moins".

Il suffira de mettre en regard de ce dernier texte celui du Décret organique du 2 février 1852, qui nous régit aujourd'hui, pour se convaincre que son article 13 est le frère-jumeau de l'art. 2 Déc. 15 III. 1849 "Elle (la liste électorale) "comprend par ordre alphabétique, 1º "tous les électeurs" — (l'art. 12 avait dit : "sont électeurs, sans condi-"tion de cens, tous les français âgés de 21 ans accomplis, jouissant "de leurs droits civils et politiques), "habitant dans la commune "depuis 6 mois au moins". ——— Ce qui ressort jusqu'à la dernière évidence de l'examen de ces textes calqués l'un sur l'autre, c'est que le législateur du suffrage universel a entendu réduire le domicile électoral au fait matériel de la résidence de l'habitation réelles

---

✳ (1) Quelques âmes charitables, (auxquelles je dois reconnaissance dans une certaine mesure), ont insinué que cette seconde moitié de mon plaidoyer, qui tranche apparemment sur la première est due à un tiers obligeant..... Si je citais la lettre que le juris-consulte qui aurait été mon Égérie m'écrivait en recevant pour la première fois communication précisément de la 2ᵉ partie de mon plaidoyer, le 7 Mars, c.-à-d. 10 jours après l'audience où il a été prononcé, on m'accuserait de trop peu de modestie, mais j'ai du moins le droit de faire remarquer que si, pour des matières juridiques autrement neuves et ardues, d'aucuns ont pu faire appel à la plume du paysan des bords de la Denaise, et s'en trouver bien, ce paysan a pu se croire, à son tour, de force à se défendre tout seul ; et c'est ce qu'il a fait, en écrivant ces pages dont chaque §, chaque ligne, chaque mot appartiennent en propre à celui qui les a signés. Tous ceux qui signent, pourraient-ils en dire autant de ce qu'ils signent ?

De telle sorte, comme je le disais dans mes observations imprimées soumises à la Commission chargée d'élaborer la Loi du 15 mars 1849, qu'il n'y ait plus qu'une Notoriété à constater » (1)

Aussi, la jurisprudence a t'elle, par de nombreux arrêts, posé et appliqué ces principes fondamentaux, et que je vous prie de ne pas perdre un instant de vue : « Que la distinction du domicile réel et du domicile politique n'a point été maintenue par les lois électorales « nouvelles (2) — Que les déclarations faites aux Mairies des communes diverses où les citoyens avaient des établissements ne suffisaient pas pour fixer le véritable domicile électoral légal au lieu désigné par le choix et la volonté des électeurs, ce domicile étant nécessairement celui du lieu de la résidence de l'électeur qui ne peut se créer un domicile politique distinct et indépendant de son domicile réel ou de sa résidence de fait „. (3) — Que ce principe est tellement rigoureux qu'il s'applique même au Domicile d'origine si favorablement vu du législateur et du juge (4)

Je n'ai point à m'occuper de la Loi du 31 Mai 1850 formellement et complètement abrogée, ainsi que je vais le démontrer, par le Décret du 2 Xbre 1851, et pourtant, cette loi elle même, malgré les modifications considérables qu'elle avait introduites dans le système des Décrets électoraux de 1848 et 1849, avait en réalité confirmé, quant au domicile, le même principe ; c'était toujours l'habitation, la résidence, mais prolongée pendant 3 ans au lieu de six mois. Quant à la preuve légale du domicile électoral qu'elle empruntait à « l'inscription au rôle de la contribution « personnelle ou des prestations en nature „, (5) loin d'être dans la pensée du législateur la preuve du domicile ordinaire, ce n'était pas autre chose que la preuve de l'habitation de la résidence, preuve déposée en germe dans des taxes dont le caractère légal, (je viens de le démontrer surabondamment), est de ne s'appliquer ordinairement qu'au contribuable résidant et habitant dans la commune. Cette vérité a été constatée de la façon la plus lumineuse dans une savante dissertation d'un éminent magistrat ; (6) vous vous y reporterez et je n'insisterai pas.

---

(1) Observations d'un Campagnard sur la loi électorale municipale p. 2 col. 1 al. 2 — 1848 Poitiers a Dupré — (2) aff. St. Etienne 14 Mai 1849 Dall. 1-151 — (3) aff. Alessandri et autres, 4 juin 1849, Dall. 1-236 – aff. Castain 8 mai 1849 ; Dall. 1-101 — (4) aff. [illisible] — (5) art. [?] 3 Le domicile électoral sera constaté par [...] M. Vic. Guillard, avocat à la cour de cass. — Dall. 1851-1-33.

En tout cas, il est hors de doute aujourd'hui, après l'abrogation formelle de la loi du 31 mai 1850, que l'habitation et la résidence constituent désormais l'essence même du domicile électoral.

Concluons : 21 ans d'âge, l'habitation depuis 6 mois au moins dans la commune, mais l'habitation vraie dans le sens grammatical raisonnable et sérieux, voilà toutes les conditions exigées aujourd'hui pour que le citoyen français soit investi du privilège et des droits de l'électeur.

Quant à la disposition spéciale relative au domicile électoral des fonctionnaires publics édictée par l'art. 5 de la loi du 31 mai 1850, je me hâte de faire remarquer qu'elle ne figure pas dans le texte de la loi actuelle. Et cependant, mon adversaire invoquera sans doute l'arrêt de la cour suprême du 11 mai 1858 qui décide que ce texte est encore en vigueur. Quoique cet arrêt ne soit nullement applicable à notre espèce, vidons cette question ; spéculativement elle est intéressante pour moi, elle se lie naturellement à la cause, c'est un double motif pour ne pas la repousser avec dédain. —— Voici d'abord le texte de l'art. 5 de la loi du 31 mai 1850 : « Les fonctionnaires publics seront inscrits sur la liste « électorale de la commune dans laquelle ils exercent leurs fonctions « quelle que soit la durée de leur domicile dans cette commune. »

Et maintenant, voici l'arrêt : « Attendu, à la vérité, que le dé-« cret organique du 2 février 1852, en n'exigeant plus pour l'inscri-« ption qu'une habitation de six mois au moins, a apporté une « grave modification au principe fondamental du décret du 31 « mai 1850 et n'a pas reproduit l'exception relative aux fonction-« naires publics et ministres du culte en exercice, mais que le décret « organique du 2 février 1852 n'abroge les lois antérieures que « dans les dispositions qui lui sont contraires ; que l'exception au « profit des fonctionnaires et ministres du culte n'est point incon-« ciliable avec l'application du principe général aux autres ci-« toyens, et qu'elle est d'ailleurs fondée, sous l'empire des deux dé-« crets susdatés sur les mêmes motifs d'ordre et d'intérêt public : « Cass. — 11 mai 1858 Dalloz - 1 - 205.

Notons, avant de discuter cet arrêt, qu'il s'agissait, dans l'espèce, d'un curé de paroisse. Or, il est bien certain qu'à l'égard des ministres du culte en exercice, la fiction légale du domicile uni à la fonction est toujours d'accord avec la réalité. On ne citerait pas en France un seul pasteur valide qui n'habitât pas et qui ne résidût pas constamment, et du jour où il a pris possession de son titre curial, au milieu de ses ouailles, tandis que bien grand, trop grand même, est le nombre des Maires qui, satisfaits de l'honneur, s'inquiètent peu de la charge, et laissent à leurs lieutenants le soin de gouverner sans eux leurs lointains administrés. C'est une conséquence fatale, (et c'est aussi la condamnation), de la pensée regrettable qui, sacrifiant la bonne administration municipale aux calculs besoigneux de la politique, a supprimé la condition salutaire du domicile réel si sagement si honnêtement imposée aux administrateurs municipaux par la Loi libérale du 21 Mars 1831.

Tenons donc tout d'abord pour certain, (ce que je démontrerai bientôt), que, si dans l'espèce de l'arrêt du 11 Mai 1858, au lieu du curé Simoni, habitant bien réellement sa paroisse de Casterla, il se fût agi d'un maire dans la situation de celui des Hilaire, les magistrats de la Cour suprême fussent arrivés, en fait, à de tout autres conclusions.

Examinons maintenant l'arrêt du 11 Mai 1858. Je le ferai avec le respect vrai que je porte au corps le plus élevé de notre magistrature, mais aussi, avec la franche liberté que la Cour a toujours encouragée en prouvant par les nombreux retours qui honorent sa probité, qu'une contradiction, qui a pour but de l'éclairer, ne saurait jamais lui paraître offensante.

De la Loi électorale votée le 31 mai 1850 par l'assemblée nationale est-il resté quelque chose debout, en dehors de ce que le décret organique du 2 février 1852 a formellement fait revivre dans son propre texte? je n'hésite pas à répondre carrément NON!!

Voici en effet, en quels termes est conçu le Décret du 2 X^{bre} 1851. « art. 1er « l'assemblée nationale est dissoute » — art. 2 « Le suffrage universel est rétabli; LA LOI DU 31 MAI 1850 EST ABROGÉE »....

Quoi de plus formel? quoi de plus radical qu'une pareille abrogation? et que laisse-t-elle subsister de cette chose d'hier, aujourd'hui réduite au néant? RIEN

Mais voyez encore; le nouveau législateur tient si bien pour non-avenue l'œuvre de ses devanciers, œuvre impitoyablement condamnée et condamnée deux fois en deux lignes, une fois matériellement par la formule abrogatoire elle-même, et l'autre fois moralement par ces mots mortels « le suffrage universel est rétabli » (1), le nouveau lé-

___

(1) La loi abrogée l'avait donc détruit? et comment? sinon précisément par son article sur le domicile électoral si vivement attaqué dans la discussion comme violant la constitution et abolissant le suffrage universel!!

gislateur, dis-je, tient si bien pour morte désormais l'œuvre de ses devanciers, que, dans un autre décret du même jour, (le décret ordonnant le plébiscite), c'est à la loi électorale du 15 mars 1849 formellement remise en vigueur, (ceci est capital dans notre discussion), et à elle seule qu'il se réfère pour déterminer les droits des électeurs qu'il convie à ce grand acte de leur vie politique — Art. 2 du décret du 2 Xbre 1851 : — "Sont appelés à "voter, (le plébiscite) "tous les français âgés de 21 ans, jouis- "sant de leurs droits civils et politiques. Ils devront justifier "soit de leur inscription sur les listes électorales, en vertu de la "loi du 15 mars 1849, soit de l'accomplissement, depuis la forma- "tion des listes, des conditions exigées par cette loi."

Après un fait qui accuse aussi énergiquement la pensée du lé- gislateur, je ne saurais admettre que le décret du 2 février 1852, par cela seul qu'il contient la formule ordinaire abrogeant les lois antérieures dans les seules dispositions qui lui sont contraires, ait laissé subsister, ou pour parler plus exactement, ait fait revivre, en ce qui touche le domicile des fonctionnaires, l'exception écrite en termes formels pour eux, dans la loi du 31 mai 1850 et positive- ment effacée du nouveau code électoral. Ce serait, en effet, appli- quer à la loi du 31 mai 1850 radicalement abrogée et réduite au néant, ce qui ne s'appliquait bien certainement, dans la pensée du législateur de 1852, qu'à la loi du 15 mars 1849 formellement remi- se en vigueur par l'art. 2 du décret du 2 Xbre 1851 et aux dispositions d'autres lois non radicalement abrogées, ce serait enfin, proclamer en réalité, une résurrection tacite et partielle d'une loi abrogée, qui répugne à l'idée qu'on s'est faite jusqu'à ce jour d'une abrogation sans réserves et des irrévocables conséquences d'un acte aussi solennel.

A l'appui de cette opinion, qui est tout à la fois une appréciation de fait, en ce qui touche la loi du 15 mars 1849, et un point de doctrine en droit, j'invoquerai cette observation que, depuis le décret du 2 février 1852, le pouvoir exécutif s'est toujours et exclusivement référé à la loi du 15 mars 1849 dont il a eu le soin de viser les textes à propos des questions électorales soumises à sa décision ; ainsi, pour ne citer qu'un exemple, je rappellerai le décret du 19 janvier 1863, an- nulant pour excès de pouvoir une décision du préfet de Loir et Cher, lequel refusait de laisser prendre, par les électeurs, copie des listes électorales déposées au secrétariat gal de la Préfecture, décret dans lequel sont formellement visés et les art. 2 et 7 du décret réglementaire

Du 2 février 1852 et la loi du 15 mars 1849 qui consacrent ce droit. (1)

Et si l'on m'objectait que la jurisprudence en consacrant dans sa pratique la disposition de l'art. 7 de la loi du 31 Mai 1850 qui conservait formellement aux citoyens non encore inscrits sur la liste électorale de leur nouveau domicile le droit d'inscription sur la liste de leur ancien domicile, n'a pu emprunter cette disposition à la loi du 15 Mars 1849 dont le mutisme absolu sur ce point important a été interprété par la circulaire ministérielle du 19 mars 1849 dans le sens d'une privation complète du droit électoral à l'égard de ceux qui n'avaient pas 6 mois de résidence dans la commune de leur nouveau domicile, je répondrais ceci : Les arrêts de Cassation des 30 avril, 15 mai, 16 mai 27 juin 1849 &qui ont consacré le principe du droit absolu du citoyen français à être électeur quelque part, prouvent par leur date même que loin d'avoir emprunté aux dispositions de l'art. 7 de la loi du 31 Mai 1850 cette décision sensée et équitable, ces arrêts au contraire l'ont imposée à la conscience du législateur venu après eux et à l'œuvre duquel elle a tout naturellement survécu. (2)

Mais la cour suprême n'incline-t-elle pas aujourd'hui très sensiblement vers l'opinion que je viens de développer et en opposition à son arrêt du 11 mai 1858 ? C'est ce qui me paraît hors de doute quand je lis dans un autre fort récent puisqu'il est du 12 avril 1864 ; (3)

"Attendu qu'à la vérité, l'art. 5 de la loi du 31 Mai 1850 dispose que "les fonctionnaires publics seront inscrits sur la liste électorale de la "Commune dans laquelle ils exercent leurs fonctions quelle que soit "la durée de leur domicile dans cette commune, mais que cette dis- "position, A SUPPOSER QU'ELLE SOIT ENCORE EN VIGUEUR &..."

Cette dernière phrase, constitue une réserve assez significative pour se passer de commentaires ; il me paraît inutile d'insister davantage.

Je continuerai donc à tenir plus que jamais pour vrai, en droit, que l'art. 13 du décret du 2 février 1852 n'ayant pas reproduit la faveur exceptionnelle accordée aux fonctionnaires publics par l'art. 5 de la loi du 31 Mai 1850 radicalement abrogée par l'art. 2 du décret du 2 Xbre 1851, ceux-ci sont rentrés dans le droit commun, en ce qui concerne leur domicile électoral, et je me crois d'autant mieux autorisé à interpréter ainsi la volonté du nouveau législateur, qu'en vérité, pour eux comme pour les simples citoyens, la seule obligation de l'habitation

(1) Dalloz 1863-3-40 — (2) D. 1849-1-234 (3) 1810-

de six mois substituée à celle de 3 ans exigée par la loi du 31 mai 1850, explique suffisamment le silence du Décret du 2 février 1852 sur une faveur que n'autoriseraient pas plus pour eux que pour les simples citoyens, les facilités nouvelles offertes à tous les électeurs indistinctement par un stage si court.

D'ailleurs, si l'on veut bien réfléchir à ceci que la cour suprême exige des fonctionnaires, (je vais le démontrer), l'habitation réelle dans la Commune où ils exercent leurs fonctions, et que, sous aucun prétexte, ils ne peuvent pas plus que les simples citoyens, prétendre à se faire inscrire sur aucune liste électorale après le 25 janvier de chaque année, on arrive à cette conclusion, qu'en fait et en réalité, la dérogation au droit commun ne saurait leur être d'une 9ᵉ utilité.

Admettons toutefois pour un instant que la cour suprême, (et elle le fera pas, après le récent arrêt qu'elle vient de prononcer)(1) maintienne, comme étant encore en vigueur, " la faveur exceptionnelle faite aux fonctionnaires publics par la loi du 31 Mai 1850 abrogée, faudrait-il conclure de là que, dans sa pensée, les fonctionnaires publics soient affranchis en même temps de toute condition de domicile électoral, et qu'ils aient le droit de réclamer leur inscription au lieu de l'exercice de leurs fonctions, alors même qu'ils auraient leur habitation ailleurs ? NON !! la cour n'a pas pu avoir cette pensée, elle ne l'a pas eue, et elle a formellement déclaré, au contraire, qu'elle ne l'avait pas, je le démontrerai bientôt.

Ah! si les fonctions de Maire par exemple, ne pouvaient aujourd'hui, comme sous l'empire de la loi du 31 Mars 1831, être exercées que sous cette condition expresse portée au § 2 de l'art. 4 de cette loi, que le citoyen investi de ce titre aurait son domicile réel dans la commune qu'il serait chargé d'administrer, on comprendrait, jusqu'à un certain point, que ce fonctionnaire pût essayer de cou-

---

(1) Je lis dans l'arrêt du 11 février 1865 : " qu'en supposant que le Décret " du 28 juillet 1848 ait apporté des modifications à la loi du 10 avril 1834 " le Décret du 25 Mars 1852 qui en a prononcé l'abrogation et n'en a " maintenu que l'art. 13 aurait rétabli l'intégrité des art. 2 § 1 C.P. 1 et " 2 de la loi du 10 avril 1834 "..... N'y a-t-il pas là une analogie complète, et, ce qui est vrai aux yeux de la cour suprême de l'effet de l'abrogation partielle prononcée par le Décret du 25 mars 1852 contre le Décret du 28 juillet 1848, peut-il n'être pas vrai de l'effet de l'abrogation complète et sans réserves prononcée par le Décret du X.ᵉ 1851 contre la loi du 31 Mai 1850 ? Il suffit de poser la question !!..

vir de son écharpe municipale l'irrégularité flagrante de son domicile, et encore, dans ce cas là même, y aurait-il toujours lieu d'examiner, comme il a été fait en 1846 à l'égard de Mr Testard, si la fiction légale du domicile ne serait pas démentie par le fait opposé d'une habitation contraire, mais ces fonctionnaires sont-ils aujourd'hui dans cette situation quasi-favorable ? évidemment non ! La loi du 5 mai 1855 sur l'organisation municipale a positivement rayé de nos codes la condition raisonnable et salutaire du domicile réel des maires au milieu de leurs administrés, et, comme ils sont révocables, je suis formellement autorisé à dire avec l'arrêt de cassation du 28 août 1850, qui leur est évidemment applicable comme aux conseillers municipaux ; « que les fonctions temporaires « n'entraînant pas nécessairement de changement de domicile, aux « termes des art. 106 et 107 C.C. leur qualité n'est aucunement par « elle-même la preuve de leur domicile en la commune où ils remplissent « leurs fonctions. » (1)

En serrant la question de plus près, j'affirmerai avec le même arrêt, que la loi qui accordait aux fonctionnaires publics le privilège d'être inscrits sur la liste électorale de la commune où ils doivent exercer leurs fonctions, sans justifier du stage de six mois de domicile imposé aux autres citoyens, « supposait avant tout et exigeait essentiellement « un domicile qui a commencé d'exister dans cette commune avant « ou après la nomination aux fonctions publiques, domicile qui, aux termes « de l'art. 106 C.C. ne résulte pas du seul fait de l'acceptation de fonctions « temporaires ou révocables, en sorte que l'art. 5 (de la loi du 31 mai 50) « par l'exception qu'il contenait en faveur des fonctionnaires publics ne « différait de l'art. 2, qu'en ce que celui-ci ne prenait en considération à « l'égard des simples citoyens, le domicile que s'il avait la durée de 3 années. »(2)

Je dirai encore, toujours avec la Cour de Cassation et avec la cour raisonnant, (qu'on le remarque bien), sous l'empire de la loi du 31 mai 1850 alors en vigueur, et du texte formel de son art. 5 relatif au privilège des fonctionnaires publics ; « que si ces fonctionnaires sont inscrits sur « la liste électorale de la commune dans laquelle ils exercent leurs

---

(1) Principe accentué par la cour suprême dans l'arrêt du 6 août 1850, qui a décidé, que les membres des tribunaux fonctionnaires inamovibles et à vie, qui doivent, en vertu de leurs fonctions, résider dans la ville même où siège le tribunal dont ils font partie, ne peuvent avoir ailleurs leur domicile électoral – Dalloz 1850-1-297
(2) V. Dalloz 28 août 1850-1-295.

« fonctions quelle que soit la durée de leur domicile dans cette commu-
« ne, ces derniers mots « quelle que soit la durée de leur domicile dans
« cette commune, » annoncent suffisamment que la faveur attachée
« à l'exercice des fonctions n'existe cependant que lorsqu'au fait de
« l'exercice des fonctions dans une commune se joint celui du domicile
« dans la même commune, qu'elle ne peut donc être invoquée lorsque
« les fonctions sont exercées dans une commune et que le domicile
« existe dans une commune différente. » — 22 janv. 1851 Dalloz 1-59.

Enfin, et pour donner le coup de grâce à un système impossible,
empruntant à la Cour Suprême, toujours, et au récent arrêt déjà
cité dans cette discussion l'autorité que ne sauraient avoir mes
paroles, je dirai, que l'art. 13 du Décret du 2 février 1852 attache l'exercice du Droit électoral à l'habitation dans la commune ; qu'à la
« vérité, l'art. 5 de la Loi du 31 Mai 1850 dispose que les fonctionnaires
« publics seront inscrits sur la liste électorale de la commune dans
« laquelle ils exercent leurs fonctions quelle que soit la durée de leur
« Domicile dans cette commune, mais que cette disposition, A SUPPO-
« SER QU'ELLE SOIT ENCORE EN VIGUEUR, ne renferme d'autre except-
« ion en faveur des fonctionnaires publics que celle qui a pour objet de
« les dispenser de la durée semestrielle de l'habitation, et non de sépa-
« rer, en leur faveur, le droit électoral de la nécessité de la résidence,
« et de créer à leur égard le droit exceptionnel et exorbitant d'être
« inscrits sur la liste électorale d'une circonscription autre que cel-
« le de leur habitation. » 12 avril 1864. Dalloz -1-140.

Et maintenant, si, pour faire l'application de ces principes,
qu'on ne me contestera pas, je l'espère, parce qu'ils sont désormais in-
contestables — V. Dalloz, ibid — si, dis-je, on interroge les faits
de la cause, ils répondront avec la conscience publique :

Qu'aujourd'hui comme hier comme en 1846, comme toujours,
Mr Testard est un habitant de la commune de Bélabre ; qu'il n'a
jamais habité la commune de St hilaire, quoiqu'en puisse dire,
(et elle le sait bien), la commission M^ale, ni avant ni après ses diverses nominations aux fonctions révocables qu'il y exerce ; qu'il
n'a jamais consenti à joindre au fait de l'exercice de ses fonctions
dans cette commune le fait de son habitation dans cette même
commune, et que soutenir le contraire, ce serait, nier la lumière en plein midi.

Ici l'on m'arrêtera, je le sais, et l'on me demandera comment
je puis concilier une telle appréciation de la situation légale de
Mr Testard avec la décision souveraine du 26 mai 1851 qui lui
a faite si formellement opposée ?...

Je comprends qu'on ne puisse pas résister à la tentation d'invoquer un précédent judiciaire émané de la cour suprême, obtenu par M. Testard lui même partie en cause et partie gagnante, et qui ne saurait, dira-t-on, perdre aujourd'hui devant les mêmes juges le même procès qu'il gagnait jadis.... Je comprends cela, mais est-il bien prudent de céder à cette tentation séduisante ? et l'arme dont on prétend se servir contre moi, est-elle d'assez bonne trempe pour ne pas se briser dans les mains qui comptent s'en faire une défense ? C'est ce que je vais examiner avec le soin que réclame un aussi grave sujet.

Constatons d'abord des faits irrécusables : 1º M. Testard se présentait devant la cour de cassation le 26 mai 1851 c'est à dire sous l'empire de la loi du 31 mai 1850, alors en pleine vigueur ; 2º il payait à St Hilaire sa cote personnelle et ses prestations en nature ; 3º enfin il était maire de St Hilaire... Or, on sait, et je l'ai constaté précédemment, que sous l'empire de la loi électorale du 31 mai 1850, la preuve légale du domicile électoral s'établissait ipso facto et sans preuve contraire possible, par l'imposition au rôle de la contribution personnelle et des prestations, et qu'incontestablement alors, les fonctionnaires publics avaient leur domicile électoral dans la commune où ils remplissaient leurs fonctions, quelle que fût la durée de leur domicile dans cette commune. Que pouvait faire la cour suprême le 26 mai 1851, en voyant à ses pieds M. Testard, maire de St Hilaire, acquittant dans cette commune sa cote personnelle et ses prestations, tandis que l'acquit à Bélabre de la cote personnelle seulement pouvait être regardé au loin comme un double-emploi sans importance ? La cour ne devait-elle pas incliner naturellement du côté opposé à Bélabre, Bélabre où M. Testard ne remplissait aucune fonction ?

« Mais » me dira-t-on, « le soleil qui a éclairé la journée judi-
« ciaire du 26 mai 1851, date de l'arrêt obtenu par M. Testard, a
« brillé après le 28 août 1850, et bien peu de semaines après le 22
« janvier 1851 jours où la cour suprême avait fixé, à propos du domi-
« cile électoral légal des fonctionnaires les principes formels que
« vous venez de nous opposer si vigoureusement, comment la mê-
« me cour, les mêmes juges peut-être, avaient-ils pu, oublieux
« déjà de ces principes si récemment appliqués par eux et si opp-
« osables à M. Testard, déclarer, quelques jours après seulement,
« que celui-ci, précisément en sa qualité de maire, devait être ins-
« crit sur la liste électorale de la commune dont il était maire,
« et à l'encontre de la décision du magistrat qui l'en avait rayé,

« si ces juges n'eussent pas reconnu en même temps que la si-
« tuation de Mr Testard était alors aussi régulière en fait qu'en droit. »

On me rendra, je l'espère, la justice que je n'ai point cherché à affaiblir l'objection et que je l'ai produite dans toute sa force.

Pour la réduire maintenant à sa valeur réelle et pour prouver qu'elle n'est sérieuse que dans ses apparences seulement, il me faut présenter ici une observation que, malgré sa nature délicate, je dois donner avec une franchise respectueuse, dont la cour suprême me saura gré, puisqu'il s'agit de lui signaler l'erreur matérielle dans laquelle elle même est tombée.

Dans le jugement déféré par Mr Testard à la cour de cassation la connaissance personnelle que le magistrat honnête homme qui l'avait rendu possédait de la situation vraie des choses au milieu desquelles il vivait et de l'habitation réelle de Mr Testard en la commune du chef-lieu de canton, et non pas en la commune de St Hilaire lui avait fait négliger certaines précautions de style nécessaires à la parfaite intelligence d'un texte juridique, et comme, d'autre part, l'adversaire de Mr Testard dédaigna de faire défendre devt la cour suprême le bien-jugé d'une décision qu'il croyait, lui aussi, hors de toute contestation possible, il arriva ceci : Une regrettable confusion, qui s'explique du reste bien aisément de la part de juges très éloignés et complètement étrangers à la connaissance d'un fait tout local, fut commise par la cour, et celle-ci, faute d'un mot, qui ne put lui être dit par un absent, attribuant à St-Hilaire ce qui s'appliquait à Délabre, comprit que la première de ces localités était celle du domicile de fait, de la résidence habituelle de Mr Testard, la seconde au contraire celle du domicile passager d'une habitation transitoire,... et de là, tout naturellement, la solution, logique, nécessaire, forcée, qui intervint en faveur de Mr le maire de St Hilaire.....

Cette articulation si grave est-elle de ma part une inconvenante allégation sans justification possible et sans preuves à l'appui ?

Voici l'arrêt : « Attendu que..... le jugement attaqué rele-
« vant en vue de l'application de cet art. 102 (C.C.) diverses
« circonstances et notamment l'inscription de Testard au rôle
« de la contribution personnelle dans une commune où il
« possède des propriétés et habite PARFOIS avec sa famille, dé-
« clare que Testard n'est pas domicilié dans la commune de St
« Hilaire et en conséquence ordonne que son nom sera rayé de
« la liste électorale de cette commune pour 1851, en quoi ledit

"jugement a faussement appliqué "…. Casse - arrêt 26 mai 1851 -
Ainsi, la confusion est évidente comme la lumière du jour ;
dans la pensée des juges, c'est BELABRE où Mr Testard était "inscrit en 1851 au rôle de la contribution personnelle" qui est "une
"commune où il possède des propriétés et habite parfois avec sa fa-
"mille", mais c'est St HILAIRE, où il acquitte sa contribution personnelle et ses prestations et où il est maire, qu'il habite sans doute ordinairement avec sa famille, c'est là son véritable Domicile, "le fait
"de l'exercice des fonctions de Maire de St Hilaire se joint là au fait
"de Domicile dans la même commune" (arrêt du 22 janv. 1851 aff.
Sinet). Et alors, rien de plus naturel que cette solution imposée à
la conscience des magistrats, et qui s'est formulée dans l'arrêt du
26 mai 1851 ? (aff. Testard). Mais en présence de la discussion à laquelle je viens de me livrer, et des preuves multipliées qui établissent
aujourd'hui la vérité, cette vérité vieille de 40 ans et toujours jeune
et toujours la même, mais qui, malheureusement n'a pas été
comme le 26 mai 1851 des juges fatalement induits en erreur, au-
rai-je tort de dire que l'arme de mon adversaire, non seulement
s'est brisée dans ses mains, mais qu'elle se retourne contre lui !

Qu'il aille donc, s'il l'ose encore, demander aux juges qui lui ont
donné gain de cause, il y a 13 ans, un nouveau triomphe ! Il n'é-
prouvera que la honte d'une défaite d'autant plus sûre, qu'il
aura bravé l'un des sentiments les plus honorables de l'homme
en mettant des magistrats pour ainsi dire au défi de réparer
une erreur judiciaire, après l'avoir reconnue !

---

*(1) Ces deux mots "habite parfois" se retrouvent dans le jugement
du 1er mars 1865, mais appliqués, cette fois-ci, au domicile de St Hilaire ; et le lecteur ne pourra pas ne point faire cette réflexion : que
la cour suprême, en indiquant le peu de cas qu'elle faisait en 1851
du domicile où elle croyait que Mr Testard se bornait à "habiter
"parfois avec sa famille" (avec sa famille !! notons le fait), a donné
en même temps la juste mesure de ce qu'il fallait penser, en 1865,
d'un domicile auquel des expressions identiques attribuent absolument le même caractère, diminué toutefois, (et ceci est bien
grave), des apparences légales qu'eût pu seule lui donner la
cohabitation de la famille qui n'a pas été, et qui ne pouvait être invoquée en sa faveur par le juge de 1865 assis au milieu de la vérité,
de cette vérité qui crie que jamais la famille n'a habité St Hilaire,
St Hilaire où elle n'eût pas trouvé place à se loger !!

Il n'est pas douteux en effet que, même sous l'empire de la Loi du 31 mars 1850 et malgré l'acquittement fait à S᛫ Hilaire par M᛫ Testard de sa cote personnelle et de ses prestations, si la cour suprême n'eût pas, le 26 mai 1851, commis la fatale confusion que je viens de signaler, elle se fût alors appuyée sur le fait du paiement de l'imposition personnelle de M᛫ Testard à Bélabre renforcé du fait de la non-habitation effective de ce fonctionnaire dans la commune dont il était maire, pour confirmer la décision qu'elle a brisée et qui ne s'est trouvée en contradiction avec les principes alors récemment fixés par les arrêts des 28 avril 1850 et 22 janvier 1851 que dans sa formule incomplète, mais non dans son essence même. (1)

Je devrais m'arrêter là, et vous faire grâce de mes preuves surabondantes, mais je ne puis résister au désir de vous rappeler un arrêt dont l'espèce semble calquée sur celle qui vous est soumise. Cet arrêt sera pour moi, un résumé fidèle, pour vous, un guide sûr. Comme M᛫ Testard, le S᛫ Eugène Delcer argumentait devant le juge de paix de Belvès de ce que « il était inscrit à la cote personnelle et mobilière » dans cette commune, et de ce que « il y « était conseiller municipal » ; (conseiller M᛫ ou Maire, c'est tout un aux yeux de la loi et de la jurisprudence) ; mais le juge de paix rejeta son système en se fondant sur ce que : « depuis plus de 6 mois qu'il avait quitté Belvès (2) on ne l'avait « pas vu séjourner dans cette ville de manière à faire croire, « qu'il y avait un domicile partiel et que toutes les fois qu'il y é« tait venu, ce n'avait été que pour se procurer les agréments de « la ville où il ne faisait que déposer son cheval dans la maison « de son père, » (lequel résidait avec son fils à Larzac et avait réservé sa maison de Belvès comme pied-à-terre), « et en repartait « presque toujours dans le soir même »... absolument comme fait M᛫ Testard de son pied-à-terre de S᛫ Hilaire. (3)

Delcer se pourvut en cassation, mais la cour confirma par

---

(1) Je ne saurais trop répéter que le jugement du 13 février 1851 serait aujourd'hui inattaquable en droit comme il était, en fait, alors l'expression complète de la vérité qui n'a pas changé... (2) M᛫ Testard n'a pas quitté S᛫ Hilaire, mais il ne l'a jamais habité. — (3) C'est encore là une de ces vérités qu'une enquête mettrait dans tout son jour.

ce motif que l'appelant ne « revenait à Belvès que de temps à autre, et pour son agrément personnel, qu'au surplus, les « faits contraires invoqués par lui », (le paiement de la côte personnelle et les fonctions publiques) « n'impliquaient pas nécessairement son domicile à Belvès, et pouvaient se concilier avec une autre résidence et encore plus avec un changement de domicile ». — 7 mai 1849 ; Dalloz-1-102.

N'est ce pas là, pour moi, le meilleur des résumés, pour vous, la plus sûre conclusion ?

Quant à M. Élie Testard, que je n'ai mêlé à ce débat que parce que je ne pouvais le laisser en dehors de la lutte, sans fournir par là, moi-même à son père un argument dont il eût abusé pour s'en faire une arme contre moi, qu'est-il à l'égard de son domicile électoral, sa position légale ? habite-t-il St Hilaire, habite-t-il Suyrajoux-en-Bélabre ?

J'éprouve en vérité, une sorte de répugnance à rentrer dans ce débat épuisé, il le faut pourtant : M. Élie Testard fils, majeur depuis 11 ans a conservé son domicile d'origine, c'est à dire qu'il habite le lieu où il est né comme tous ses frères et sœurs, le lieu où il a été élevé, le lieu où, pendant le cours de ses études, il est venu passer au sein de sa famille les doux mois du repos, le lieu d'où il a pu, depuis qu'il est homme fait, s'éloigner quelquefois pour sa santé, ses affaires ou ses plaisirs, mais le lieu où il rentre toujours, parce qu'il est sûr d'y trouver, toujours aussi, son père, sa mère, sa sœur, le foyer domestique enfin... Mais ce lieu, ce gîte aimé des enfants qui ont du cœur, quel est-il pour M. Élie Testard ? Est-ce St Hilaire ? Est-ce Suyrajoux ?

A cet égard, tout ce que j'ai affirmé du père, je l'affirme du fils ; tout ce que j'ai offert de prouver à l'égard du père, j'offre de le prouver à l'égard du fils, de ce fils qui, moins favorisé même que son père ne saurait invoquer le spécieux argument emprunté aux fonctions publiques dont celui-ci est revêtu. Car, en admettant que le privilège accordé aux fonctionnaires par la loi du 31 mai 1850 ait survécu à cette loi, ce privilège étant tout personnel ainsi que l'a jugé fréquemment la cour de cassation, — 2 avril 1851 Dall. 1. 130 — 14 avril et 12 août 1850 — Dall. 1850 V° élect. législat. 114. — le fils du Maire de St Hilaire rentrerait dans le droit commun qui lui imposerait alors pour domicile électoral le lieu où il habite, non pas selon la fiction mensongerie d'une présomption légale contraire aux faits, mais dans la vérité dans la sincérité d'une réalité effective, et on reviendrait toujours à cette éternelle question : « le lieu est-il St Hilaire, est-il Luyrajoux ? »

Un mot encore pour couper court à tout ceci : il existe au rôle de la Contribution communale de Bélabre, (je dis Bélabre), un art. 81 qui justifie que Mr Elie Testard acquitte personnellement dans cette commune de Bélabre la somme de 25 f. 08 c. pour ses Chiens. Mr Elie Testard est chasseur, il a des Chiens, et sa personnalité comme contribuable, se formule légalement dans la taxe personnelle qu'il acquitte comme possesseur de Chiens de Chasse dans la commune de Bélabre. Et pourquoi à Bélabre et non à St Hilaire ? parce qu'il habite la commune de Bélabre et que celle-ci, malgré des velléités de résistance du contribuable, a formellement exigé, (et elle a bien fait), sous peine d'un procès que ce contribuable eût perdu, que cet impôt communal fût acquitté là où il devait être légalement acquitté, à raison de l'habitation du contribuable et du gîte de ses Chiens dans la circonscription communale de Bélabre. — V. Izoard loc. cit. §. 94.

Si Mr Elie Testard fils ne figure sur aucun rôle d'impôts autre que celui qui concerne les Chiens, est-ce à dire pour cela qu'il ne soit pas la cause de quelqu'autre taxe communale de la commune de Bélabre ? Non, mais pour les prestations, mais pour l'impôt des chevaux et voitures, mais pour la taxe mobilière la personnalité de Mr Elie Testard se fond dans celle de son père qui acquitte toutes ces taxes…… — où ?… à BELABRE.

Tout ceci est-il clair ? Aurais-je tort de dire, de crier s'il le faut, que déclarer Mr Elie Testard fils habitant de la commune de St Hilaire où il vient en passant aussi rarement que son père et comme Mr Delcer de l'arrêt du 7 mai 1849 "de temps à autre "pour son agrément personnel", ce serait sanctionner une contre-vérité qui n'aurait pas même pour elle le vernis trompeur d'une fiction légale ? Qu'est-ce en effet que cet argument tiré par la commission municipale de ce que Mr Elie Testard "ne payant ni cote personnelle ni mobilière ne peut avoir d'autre do-"micile que celui de son père" ? Vous trouverez bon que je ne discute pas la thèse de droit ainsi formulée par les jurisconsultes de St Hilaire ; quant à Mr Elie Testard, il me pardonnera de lui faire remarquer que, du moment où il figure en nom pour une assez forte somme à la taxe relative aux chiens, ses défenseurs sont réellement mal-venus à le signaler comme n'acquittant nulle part la cote personnelle. Je suis sûr que la probité de mon jeune adversaire est telle, qu'au moment où le rôle politique tout nouveau pour lui qui va lui être imposé par les ambitieuses visées de l'affection paternelle l'appellera à répartir les taxes publiques sur ses concitoyens, le premier soin de sa loyauté sera de reconnaître qu'il doit lui même commencer par en prendre sa part. (1)

Je laisse du reste à Mr le Maire de Bélabre, qui est en même temps votre premier suppléant, le notaire de confiance de Mr Testard, et qui était en 1850 et 1855 époque des publications de mariage dont il a été question dans le cours de cette discussion, l'adjoint de l'officier de l'état-civil de Bélabre, où il habite depuis près de 30 ans, le soin de vous dire si ce n'est pas par tous les motifs exposés ci-dessus qu'il a inscrit depuis plusieurs années sous le n°. 604 de la liste des électeurs de Bélabre et comme propriétaire à Puyrajoux M. Élie Testard (2)... Et veuiller bien ne pas attribuer à la révélation obligée que je viens de vous faire un sens qui n'est pas dans ma pensée. Pour moi, c'est un argument, ce n'est que cela et rien que cela ; mais cet argument est d'une double valeur, car il frappe du même coup et le père et le fils.

Quant à celui-ci je suis très convaincu qu'il n'a pas réclamé "et obtenu" cette double inscription dont l'une condamne nécessairement l'autre, pour braver les risques des pénalités édictées par l'art. 31 du décret du 2 février 1852, mais je lui ferai remarquer ceci : Depuis plusieurs années, il est inscrit, sans réclamations de sa part, (et je puis affirmer que s'il eût demandé la radiation il ne l'eût pas obtenue) sur la liste des électeurs de Bélabre ; cette inscription est, aujourd'hui, à l'heure qu'il est, un fait légal acquis, irrévocablement consommé, c'est la vérité légale enfin ; ceci étant, si Mr Élie Testard persiste désormais à réclamer "pour l'obtenir" son inscription sur la liste électorale d'une autre commune il prendra sciem-

---

* (1) Mr Élie Testard était alors candidat aux fonctions de Membre du Conseil d'arrond.t pour le canton de Bélabre auxquelles il a été élu le Dimanche 5 Mars 1865 — (2) V. l'extrait de la liste électorale de Bélabre ; Dossier B. * Le jugement du 1er Mars dit que cette inscription a été faite "par erreur"!!

ment et volontairement une position qui ne laisserait pas que d'avoir un caractère assez délicat, dont il me saura gré, je l'espère, de lui avoir signalé les inconvénients.

La vérité, on le voit, sue par tous les pores de cette affaire, dès qu'on la presse ; elle coule limpide et pure ; la nier désormais, ce serait, au mois de juin, par un ciel sans nuages, à midi, nier le soleil... Niera-t-on le soleil ?

Et maintenant, que reste-t-il ? Un maire qui, malgré tout ce qu'en a pu dire la commission m.al de St Hilaire n'habite pas et n'a jamais habité la commune dont il est maire, et qui ne peut invoquer, en présence des arrêts de cassation des 7 mai 1840, 28 août 1850, 28 janvier 1851 et 12 avril 1854 et du décret du 2 fév. 1852, ni l'arrêt personnel du 26 mai 1851 ni celui du 11 mai 1858. Un citoyen qui acquitte dans la commune de Bélabre où il habite réellement depuis plus de 40 ans, sans aucune interruption, les impositions dont la nature exige qu'elles se payent là où le contribuable est habitant ; un homme qui, jusqu'ici, grâce à des circonstances particulières et à un laisser faire qui ont servi les constants calculs de son habileté, a su manœuvrer avec un succès quelquefois fatal à de graves intérêts particuliers, à travers les écueils d'une situation notoirement fausse ; un fonctionnaire enfin, qui, après avoir semblé un jour, selon l'honnête aveu d'un de ses chefs, vouloir se résoudre à « donner le premier l'exemple de la soumission à la loi », aussitôt dominé par les nécessités plus impérieuses de sa position même, a offert le scandale public, permanent du mépris le plus osé des prescriptions légales qu'on dirait faites pour tout le monde excepté pour lui seul !

Si la justice peut trouver qu'il soit salutaire et politique de laisser vivre de telles choses, qu'elle les tolère ; mais, si la loi heureusement bravée par quelques uns seulement est de tout temps, un danger pour la loi elle-même.

RESPECT A LA LOI !!

Audience de la justice de paix de Bélabre
du 25 février 1865

www.ingramcontent.com/pod-product-compliance
Lightning Source LLC
LaVergne TN
LVHW021711080426
835510LV00011B/1713